メディアと、村上春樹・東野圭吾にみる〝母性〟

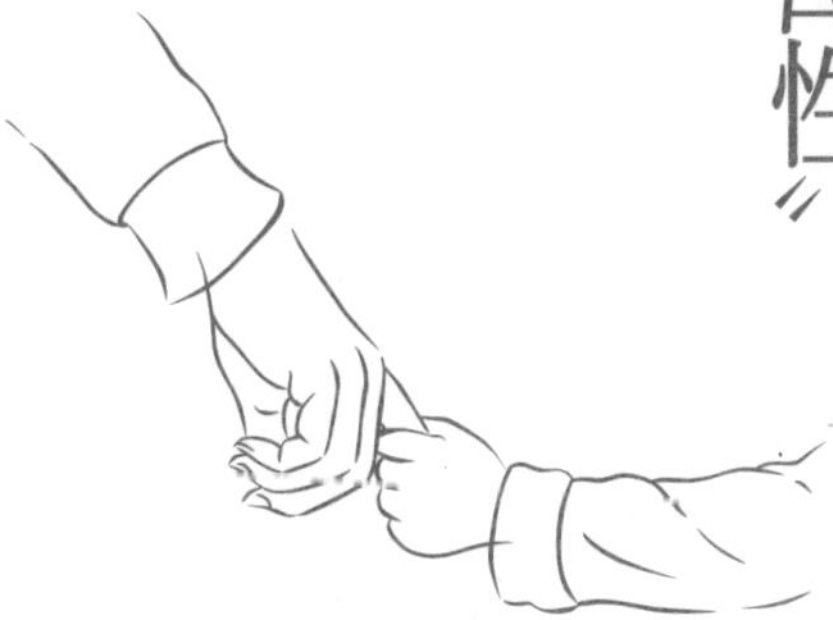

母恋い

大野雅子

母恋い　目次

第2部　村上春樹・東野圭吾における〝母なるもの〟

装画・挿絵　佐久間誉之
装幀　本澤博子
図表　桜井勝志

母恋い

本書で言及する各文学作品については、初版刊行年を初出時の題名に続けてカッコ内に西暦で示した。なお、発表された年が数年にまたがる場合は、全巻が出そろった年を明記する。

ただし、村上春樹の作品群については、第２部の２－１末（217ページ～）にまとめて掲載した。


第１部は、「欠如としての「母」、幻想としての「おふくろの味」――近代日本における「母」の構築」（帝京大学紀要「学修・研究支援センター論集」第10号〈2019年３月〉）を大幅に加筆・修正したものである。

第２部２－１の村上春樹の章は、帝京大学紀要「学修・研究支援センター論集」第12号（2021年３月）に、「村上春樹の『ノルウェイの森』における〈母的なるもの〉と〈妹的なるもの〉」という題名で、『ノルウェイの森』に焦点をあてた論考として収録予定である。

序章

〈母なるもの〉がいかに「我々」を呪縛しつづけるか、年をふるごとに思いを強くしていく。その場合、「我々」とは誰なのか。日本人なのか。古今東西の人間全般なのか。私が意味しているものは何なのだろうか。

私はかつて中世・ルネッサンス期の英文学の徒《と》であった。卒業論文では、シェイクスピアの『ソネット集』における「ふたつの愛」に関して、修士論文では、シェイクスピアと同時代の詩人エドマンド・スペンサーの叙事詩『妖精の女王』のエンディングに関して、博士論文では、物語とロマンスというジャンルの観点から『妖精の女王』と『源氏物語』に関して書いた。そして博士論文を機に、私は比較文学の徒となった。

私が当初、前近代のヨーロッパ文学に惹《ひ》かれたのは、「宮廷風恋愛」という概念を興味深く思ったからである。「宮廷風恋愛」というのは、十二世紀のフランスに突如として現れた恋愛様式であるといわれる。騎士は徳高く美しい女性を一途に愛するが、その愛が成就することはほとんどない。恋愛の成就は必ずしも騎士にとっての最終目標であるわけではないのだ。むしろ、求愛の過程を通じて騎士が自らを高めていくことに眼目がある。

宮廷風恋愛の典型的な形が特定の文学作品に明確に表現されているわけではない。アーサー王伝説において、湖の騎士ランスロットがアーサー王の妻グイネヴィアに対して抱いた愛が、宮廷風恋愛であるといわれることもある。しかし、ふたりは肉体関係をもった。宮廷風恋愛に肉体関係があってはならないとする立場からすると、ランスロットのグイネヴィアに対する愛は宮廷風恋愛ではない。

中世フランスの『トリスタンとイズー』が宮廷風恋愛の表現であるといえなくもない。しかし、ふたりは偶然、恋の媚薬を飲んだがために宿命的な恋に落ちたのであった。女性の徳と美に対する賞賛から生ずるべきである宮廷風恋愛は、恋の媚薬とは相容《あいい》れない。

卒業論文で扱ったシェイクスピアの『ソネット集』にも、修士論文と博士論文で扱った『妖精の女王』にも、宮廷風恋愛らしきものが表現されている。『ソネット集』の前半部分は、“The Fair Young Man”と呼ばれる青年に対する愛を謳《うた》った連作であるが、詩人が青年を賛美する語彙《ごい》は、宮廷風恋愛のそれである。『妖精の女王』においては、各巻にあてがわれた美徳を体現する主人公たちが、その美徳の達成を目指して寓意的な冒険をする。だが、大半の巻で美徳を獲得する過程は、恋人との愛を成就させる過程でもあり、騎士たちが冒険を終えた暁《あかつき》には、物語はカップルたちの結婚によって大団円を迎えることが予期される（『妖精の女王』は未完に終わったので、このグランドフィナーレは描かれてはいない）。

宮廷風恋愛であろうがなかろうが、前近代のヨーロッパ文学の数々の作品においては、愛の成就が人生の一大目標として掲げられ（成就に至る過程のほうが大事であるにせよ）、愛のために登場人物たちが刻苦精励《こっくせいれい》する――これを私は、日本文学には異質で、「西洋的」な要素であると感じたのだ。

日本文学に登場する男たちは、唯一無二の女性を獲得することを一大目標にはしていないような気がする。「気がする」という言葉を、学問において使うべきではないことは重々承知してはいるのだが、そうとしか言いようがない。

比較文学とは、メタ・クリティカルな学問である。自らの批評的アプローチについて、説明しながら批評しなければならない。〈母なるもの〉が「我々」を呪縛しつづける、と私は先に言ったが、その場合の「我々」が「日本人」だとすると、「日本」という国、「日本人」という民族の境界線はどこにあるのだろうか。明確に定義づける、または、曖昧《あいまい》であるということそのものを議論の対象とする、どちらかのスタンスをとる必要がある。沖縄やアイヌ、または在日韓国人をどう扱うか、態度を決定し、近代国民国家としての日本の境界線を再布置する必要が生じるのだ。

何かと何かを比較する際には、比較の対象が比較に値するかどうか、疑問視しなければならない。比較の対象の境界線を明確にしなければならない。私は、本書において「西洋文学」と「西洋文化」を隠された対照項として、「日本文学」と「日本文化」を論ずるのであるが、その場合の「西洋」と「日本」がどの時代のどの範囲のことなのか、時間的・空間的に定義づけろ、という内なる声が聞こえてくる。しかし、それが難しいのである。むしろ、その難しさ自体が本書のテーマであるともいえる。

「日本人」の境界線の問題とは別に、日本人にとってだけ「母」は特別に大切な存在なのか、という反論もなされるであろう。第1部では「おふくろの味」について論ずるが、日本人以外にとってももちろん、「おふくろの味」は人の胸をキュンとさせる大切な思い出である。

1部の3章で述べるように、「おふくろの味」は、私が奉職する大学の「超域社会論」という授業で講義した題材でもある。その講義をしていた頃、様々な人々に「あなたにとってのおふくろの味は何ですか」と聞いて回っていた。同僚のアメリカ人の先生にとってのおふくろの味は、「ミートボール・スパゲッティ」とのことであった。私にとってミートボール・スパゲッティとは、アメリカの大学の学食で定番メニューとして出される、ネチョネチョのパスタにズブズブのトマトソースがかかっていて、おしるし程度にミートボールがふたつくらいのっかっている、トラウマ的食べ物である。しかし、その先生は、お母さんが作ってくれたミートボール・スパゲッティは、学食のミートボール・スパゲッティとは根本的に異なるのだと熱く語るのであった。手作りのトマトソースと手作りのミートボール、ちょうどよいゆで加減のスパゲッティのハーモニーが生み出すミートボール・スパゲッティは、それを想起しただけで、七十歳にならんとしていたその先生を、子供の頃に引き戻す魔法の食べ物なのであった。

アメリカに留学していた頃、アメリカ人の元カレが、フロリダの母親から送られてきた「ブラウニー」なるものを二切ればかり大事そうにフリーザーバッグに入れて持ってきてくれた。今では日本でも、ブラウニーも、それをさらに甘くした「ファッジ」も買うことはできるが、当時の私にとっては初めて目にする異国の食べ物であった。私はそのあまりの甘さに驚愕《きょうがく》した。思わず表情に出てしまい、彼はひどくがっかりしていた。やはり「おふくろの味」だという「エッグサラダ」をそのあと作ってあげたのだが、私の味には満足していない様子で、やはりお母さんにはかなわないのだわ、と私もがっかりした。

このように、「おふくろの味」に対する執着と郷愁は日本人に限ったものではない。

ところで、実は、本書のプロジェクトは三島由紀夫から始まった。三島が自決する直前に完成させた四巻からなる『豊饒《ほうじょう》の海』（一九六九―一九七一年）の最後で、聡子は本多に向かって松枝清顕《まつがえきよあき》との記憶を否定する。それは、清顕の輪廻転生を描いたストーリーそのものを灰燼《かいじん》に帰す驚くべき結末をつくりだした。この結末の意味は様々に解釈されるが、私は、聡子は「母なる海」になったのだと考える。

親孝行であったことが夙《つと》に知られている三島由紀夫であったが、作品には意外と母親像が描かれていない。祖母の圧制下で育てられた三島は、十二歳のときに両親の家に戻り、それ以来、母親とは恋人のような蜜月状態を保つことになる。「分離されない母」の存在は精神的相克として生涯三島を呪縛しつづけたのではなかろうか。

フランスのポスト構造主義学派で精神分析学者のジュリア・クリステヴァによれば、主体は母子融合の愉悦に満ちた空間（＝セミオティック）を棄却（捨て去ること）することによって、自己と他者との距離づけを行い、シニフィアン（記号表現＝意味するもの〈文字・音声〉）とシニフィエ（記号内容＝意味されるもの〈イメージ・概念〉）とを結合させて、言葉の世界に突入する。

三島にとっての自決とは、母を棄却する行為であった。とうの昔に棄却しなければならなかった母をようやく棄却する決意をしたとき、三島は、逆説的に母のもとへ回帰する喜びを得たのである。三島は『豊饒の海』のなかで、母なる海——回帰する場所としてのセミオティックの海——として聡子を描いた。このような論考を以前書いていた。

他方で私は、村上春樹と東野圭吾が大好きで、何か書きたい、と思っていた。何か書きたい、という気持ちは、ほとんどやむにやまれぬものであった。村上春樹と東野圭吾に関して何か書かずにはいられない、と思うようになったのはなぜなのか。

三島由紀夫、村上春樹、東野圭吾においては、〈母なるもの〉が物語構造のなかに隠蔽されることによって、逆説的にその存在の大きさが示されているから、ということはできよう。しかし、初めから理路整然とそう考えていたわけではない。三島由紀夫についての論考を書いたからこそ、村上春樹と東野圭吾における〈母なるもの〉を書くことが可能になったのだと思う。さらに、三島由紀夫についての論考を書いたからこそ、私のなかの、母に対する思いが呼び覚まされて、大好きな現代作家たちのなかにも同じものを見出《みいだ》したのだと思う。

三島における〈母なるもの〉の欠如が、逆説的に〈母なるもの〉の存在の大きさを表現しているという考えに至ったとき、村上春樹において〈母なるもの〉が表現されないことが、何か重要なことを示唆しているように感じられた。第2部の2－1（以下、2－1）で論ずるように、村上春樹の小説においては、主人公が、子供の頃に好きだった女の子（または男の子〉を唯一無二の恋人として生涯愛しつづける、というパターンがしばしば見受けられる。生涯愛しつづけるという点において、また、女性を尊敬の対象としているという点において、このパターンは「宮廷風恋愛」のそれと相似している。

しかし、『ノルウェイの森』の直子はすでに失われている。『国境の南、太陽の西』の島本さんも失われている。村上春樹の小説に描かれる愛は、主人公を未来に向かって突き進むよう促してくれる原動力となるものではない。その愛は、過去に存在していたが、今は失われたものである。主人公はその喪失を嘆いているのである。

私は本書において、村上の小説に登場する女性たちが、主人公たちにとって〈母的なるもの〉であると論ずる。また、村上の小説には〈妹的なるもの〉もしばしば登場するが、〈妹的なるもの〉も〈母的なるもの〉である。妹のような存在＝母のような存在は、セミオティックな海においては、主体と区別なく一体化して存在している。主体は〈妹的なるもの〉＝〈母的なるもの〉に抱かれ、自他一体化の愉悦の海に漂う。その海をあとにしなければならなくなったとき、主体は、それを失うことからくる喪《も》の感情に包まれるが、その感情を振り払って、独立した主体として、言葉を操る世界の住人とならなければならない。

ところが村上の小説の主人公は、いつまでも喪の状態にあるのだ。母なる海に回帰したいと思っている。母なる海を取り戻したいと思っている。しかし、母と結ばれることはない。

それゆえに、村上の小説はハッピーエンドにはならないのである。

概略を大雑把《おおざっぱ》に述べたが、2－1においては、村上春樹の長編小説のほとんどすべてから具体例を挙げて、縦横無尽に論ずる。「縦横無尽」というと格好よく聞こえるが、複数の小説を行き来するので、多少読みにくいかもしれない。その点はご容赦いただきたい。

当初は、『ノルウェイの森』において、ワタナベが直子と緑のどちらをより愛していたか、という問いを中心に論じようと思った。私は、どちらも選ばない、と考えるのだが、それはなぜか、ということに関してである。だがその論を説得力あるものにするためには、緑が〈妹的なるもの〉であることを説明する必要があった。そうなると、『ダンス・ダンス・ダンス』のユキや、『騎士団長殺し』のまりえについても論じるべきであろう。第1部からのつながりで、村上春樹の主人公たちがおにぎりを食べない、ということも指摘したかった。それも、〈母なるもの〉とその喪失に大いに関係があるからだ。

このような事情で結局、複数の小説が互いを照射することによって、意味を鮮明にする手法をとることにした。

繰り返しになるが、私は東野圭吾が大好きである。東野圭吾の小説を読むことによって、この退屈で平凡な現実に彩りが与えられ、生きていくことができているのである。

東野圭吾の小説には、親子の情愛が事件の動機となる場合が多々ある。そういう点において、村上春樹と異なり、〈母的なるもの〉は隠蔽されてはいない。『麒麟の翼』（二〇一一年）において、息子は、自分が犯した過《あやま》ちによって水泳部の後輩が植物人間になってしまい、その自責の念は彼の心に重くのしかかっていた。彼は、自分の心を父が理解し、罪をつぐなえるよう行動してくれたことを、父が殺されて初めて知ることになる。事件の背景に存在していたのは、父の息子に対する深い愛情だったのである。

数ある東野作品のなかから、本書において『白夜行』（一九九九年）と『幻夜』（二〇〇四年）をとりあげるのは、親子の情愛が特に表現されていないからである。これを「隠蔽」と呼ぶと、東野が意図的に表現を保留し、そうすることによって読者による発見を待っているかのように聞こえてしまうであろう。しかし私の視点から見ると、『白夜行』と『幻夜』において親子の情愛は隠蔽されている。『麒麟の翼』『新参者』（二〇〇九年）、『祈りの幕が下りる時』（二〇一三年）においては殺人の背景や動機になった親子の情愛が、『白夜行』と『幻夜』においては、明らかにそれと名指すことができないほど深い部分に存在している。だからこそ、解釈を通じて呼び覚まされなければならないのだ。

親子の情愛が顕在しないのはもちろんのこと、ヒロインたちが誰かを本当に愛していたのかどうかすら、よくわからない。『白夜行』の雪穂にとって、彼女のためなら数々の犯罪に手を染めることすら厭《いと》わなかった亮司は、いったいどういう存在だったのか。彼に対して愛があったのならば、それはどんな種類の愛だったのか。彼女の気持ちは仄見《ほのみ》えさえしない。物語の表面だけを見ると、雪穂は冷血で自己中心的な女性である。

『幻夜』のヒロイン美冬は、『白夜行』の雪穂と同一人物であると思われる。『幻夜』が『白夜行』の続篇であると考える決定的な証拠はないが、もしふたつの作品がまったく別々の独立した作品であるとすると、『幻夜』の物語はほとんど意味をなさない。または、むしろ雪穂と美冬が同じ女性なのかどうかという問題を探る作業が、『幻夜』を楽しむ過程でもある。雪穂と美冬が成り上がることになぜあれほどまでに拘泥《こうでい》したのか。男たちをなぜ道具としてしか見ることができなかったのか。行間を通して読みとる以外に、雪穂と美冬の心情を知る術《すべ》はない。

村上春樹の小説との共通項は、彼らが「過去に縛られている」ということだ。村上の場合は、子供時代に好きになった人をいつまでも思いつづける。東野の場合は、子供時代のトラウマからいつまでも逃れることができない。いや、逃れることができないのではない。子供時代のトラウマを解決して未来に向かって進もうとする代わりに、それに拘泥し、その頃にとどまろうとしている。『白夜行』の雪穂は、自分が殺してしまった母を捨てきれないのである。だから、亮司にも執着するのである。過去に対する執着が、新しい恋人と新しい未来へ旅立つことを不可能にしているのだ。

村上春樹と東野圭吾に共通しているのは、前述とも関係するが、主人公たちが〈母的なもの〉に回帰しようとすることである。彼らは、子供時代に感じた、または、感じることができなかった母の愛情の代替物として、異性愛を求める。

これが「日本的」かどうかという問題であるが、同じことを繰り返すしかない。私は日本的だと思う。男女間の愛よりも、親子の情愛のほうが高い価値をもつからだ。親の愛情、母の手料理の味、故郷の風景、初恋の人——そんな、かつて過去にあったもの、今は失ったものに対する追憶。

2－1で言及するF・スコット・フィッツジェラルドの『グレート・ギャッツビー』（一九二五年）のギャッツビーも、過去の恋人・デイジーに執着した。彼女の現在だけではなく、過去までも自分のものにしようとした。しかしギャッツビーは、デイジーに対する想いを、未来に向けて跳躍する原動力とした。ギャッツビーにとってデイジーは、母なる愉悦の海ではなく、空の彼方に光り輝く星であった。

本書は、当初、おふくろの味、村上春樹、東野圭吾、そして最後に三島由紀夫、という4

部構成であったが、現代作家の村上と東野を第2部としてまとめ、三島由紀夫については次の本に譲ることにした。理由のひとつ目は、全体が予想以上に長くなってしまったことである。ふたつ目は、三島由紀夫だけ時代が異なることである。次の本では、『豊饒の海』における「母なる海」、三島由紀夫の「前近代」への退行、リアリティーを欠いた割腹自殺、谷崎潤一郎の『細雪』（一九四九年）と『夢の浮橋』（一九六〇年）における「母親幻想」について論ずる予定だ。

子供を産んで子育てに苦労すると母のありがたみがわかる、というのはよく耳にする市井の知恵袋である。私も子供を産んでいたら、もしかしたら、子供に離乳食を与えたり、幼稚園用ズック袋にアップリケを縫いつけたりしながら「私のお母さんもこんなふうに苦労してくれたのね」と突如として開眼したのかもしれない。しかし、本書で述べるのは、そういうことではない。もっと根源的な部分の〈母的なるもの〉である。私にとって、それはもちろん、追憶のなかで蘇《よみがえ》る実の母ではあるのだが、故郷の風景でもある。

本書はコロナ禍のなか、オンライン授業をやりながら、故郷の新潟で、春は田植えの風景を、秋は稲刈りの風景を窓の外に見ながら執筆したものである。母なる海への回帰について書きながら、その風景を通じて、私自身、母なる海（窓の外の風景は山ではあるが）に回帰することができたような気がする。

第1部

イデオロギーとしての〝母性〟

第1部・序

積水ハウスのテレビ・コマーシャルになぜか心切なくなる。八代亜紀が歌う2020年バージョンでは、夕立のなか、家路を急ぐ人々が点描される。黄色い帽子と赤いランドセルの女の子たち、幼稚園に子供を迎えにいくサラリーマン、船とバスを乗り継ぐリュックサックとニット帽の若者、子供の結婚式を終えてバーでふたり酒を飲む夫婦。夕立が上がると皆、顔がほころぶ。家に温かな色の明かりが灯《とも》る。八代亜紀の哀愁漂う歌声と相俟《あいま》って、帰宅とは帰郷であると、見ている人に感じさせるコマーシャルだ。哀愁は、画面と歌がノスタルジックな視点によっていることに起因する。「あの街に　あの家に　こころは　帰る」(『積水ハウスの歌』50周年バージョン：作詞 一倉 宏、作曲 小林亜星）ということは、肉体は別の場所にあるということが含意されている。今は別の場所に住む人が子供時代を過ごした懐かしい家を思い出し、ノスタルジックな視点から情緒的に歌う。

アメリカのフォークソング "The Green Green Grass of Home" は、前半までは故郷を懐かしむ素朴な口調でありながら、実は、死刑囚が死ぬ前に見た夢――懐かしい家族と恋人の夢――であり、その懐かしい家は時間的にも空間的にもすでに遠く離れて戻ることはできない。どちらも素朴に故郷を恋う歌であるように聞こえながら、喪失感に裏打ちされているからこそ故郷はより一層理想化され、慕情の対象となる。

故郷には母がいる（"The Green Green Grass of Home"では"Mama and Papa"だ）。谷崎潤一郎の『吉野葛』（一九三一年）を思い浮かべると、日本の男にとっての母とは、大人になってもなお心の深い部分で流れつづける思慕の情と、時にはエロティックな欲望がないまぜになった感情の行き着く先であるように思われる。

しかし、たとえば、太宰治の『津軽』（一九四四年）において津島が乳母のたけに抱いた情愛、下村湖人《こじん》の『次郎物語』（一九五四年）において里子に出された次郎が実の母のお民に懐くことなく里親のお浜を思いつづけた切ない子供心。こうした文学作品が反証となり、日本文学において、また、日本人にとって母とは「絶対的な思慕の対象」であると言い切ることはできないのではないか、いったいいつから日本の母はこんなに巨大になって子供たちをその偉大な優しさで包むようになったのか、と疑問に思う。

もしも母に対する慕情の念が人間に備わった超歴史的で普遍的な感情ではなかったとしたら、日本の優しい母が近代の構築物だとしたら――たとえそうだとしても、近代に生まれた人間は母を恋うであろう。すでにそれは心の奥深くに刷り込まれたイデオロギーであるから。我々はそれが人にとって本質的な感情ではないと気がつくことはできても、そこから完全に自由になることはできないのだ。

同様に「おふくろの味」も近代の構築物である。「おふくろの味」という言葉は日本人の心を温かい気持ちで満たしてくれる。「男は胃袋でつかめ」という日本のことわざ的表現は日本の男の「母恋い」をうまく表しているが、女は男にとっての母になるべく、肉じゃがやカレーやオムライスやコロッケなどの家庭料理に熟達すべく努力しなければならない。母の味はいつまでたっても舌に浸《し》みついて離れず、故郷に帰るということはすなわち母の懐かしい手料理を食すことと同義語になる。

しかし、おふくろの味を懐かしむ心もまた、人間にとって自然で本質的な感情ではない。『次郎物語』で次郎は、父親の晩酌のおかずに出された卵焼きがあまりにもおいしそうだったために両親の目を盗んで盗み食いする。三世代同居の戦前の家族にあって、母親は子供を中心として献立を考えたりはしない。卵焼きは家の主人にだけ出される特別に贅沢《ぜいたく》な料理であって子供のためのおかずではなかった。

そもそも「家」や「家庭」という日本語は、明治に入ってから"home"の翻訳語として登場した言葉であった。(1) 明治期の近代女子教育が「良妻賢母」の理想を掲げたことは、女性の役割を家のなかにおける妻と母としての役割に限定する素地をつくった。さらに戦後、高度経済成長期に生産の場から放逐された都市の中産階級の女性にとっては、良い母であることがほとんど唯一の存在証明となる。このような歴史的経緯のなかで日本の母はその存在感を強めていく。

第1部では、以下のことを論ずる。

【1章】日本社会において「弁当」、また「弁当作り」は母の愛情という意味を充満させた記号として、ジェンダー・イデオロギーとなっている。日本の歴史を通じて常に存在していたかのように見える「母の手作り弁当」は、近代日本における母子密着の結果として生じた。フランスの思想家で記号学者のロラン・バルトにとって日本の食べ物は、シニフィアンがシニフィエをはるかに上回り、意味の過剰と同時に意味の欠如を生み出すものであったが、弁当も「母の愛情」という意味の過剰を生み出す。

【2章】テレビ番組『料理の鉄人』において、小林カツ代が「肉じゃが」を作ることによって陳建一《ちんけんいち》に勝利した瞬間は、「母性」が日本の文化的規範として神話性を獲得した瞬間であった。日本において、食はジェンダー化されているが、それは映画『ラーメンガール』のなかで、一杯のラーメンを成り立たせる男性的原理とそこに込める魂として、如実に表れてい

る。

【3章】『美味《おい》しんぼ』のテレビドラマ版における「おむすび対決」では、山岡士郎が亡き母の思い出の味である「野沢菜で包んだおむすび」を出して勝利する。おにぎりは弁当同様に母の愛という意味が充満した食べ物であり、フランスにおけるワインと同じく、神話化されている。映画『かもめ食堂』においてもおにぎりの神話が語られる。

【4章】一九一〇—二〇年代において、「母性」という言葉が「愛」という言葉と結合して「母性愛」として日本社会に流布していった。「家制度」という時間的概念と「ホーム」という空間的概念が結合したところに出現したのは、母性原理によって成り立つ「家庭」だった。「ちゃぶ台」は、母という新しい主人が君臨する場所となり、そこでは食事が宗教となる。しかし、「母性」という神話は、「ちゃぶ台」同様にひっくり返される運命にある。近代日本における「母」は、幻想の物語を紡ぎ出し、「不在」によってその存在を大きくする。

1章　「弁当」というイデオロギー

「弁当作り」と「専業主婦」の関係

弁当作りは母親の最も大きな悩みだ。母親は多大な時間と労力をもって毎日子供のために弁当を作る。小さく巧みにカッティングされた食材が、芸術的な彩りとともに選び抜かれた弁当箱の中に配置される。食べ物はそこにおいて単に食べ物として存在しているわけではない。命を支え、健康を保つために必要な栄養素という第一の役割を超え、見た目の芸術性も重要な要素だ。

ハンバーグは熊の形に成型され、ウインナーはタコ踊り、ブロッコリーは春に芽吹く山、ニンジンは秋の紅葉、アスパラガスは雪解けの小川、ひまわりのように笑み浮かべるみかん、りんごは野山を駆ける長い耳もつウサギ。

自然が人間の手によって再構築され、季節による自然の移り変わりを感じられない都会にあって現実の自然よりも一層自然らしさを映し出す。おかずはそれぞれ小さくなければならない。栄養・色彩・味・形の異なる数種類のおかずがシンメトリーやアシンメトリーを描き出す弁当。ご飯は不可欠ではあるが、おかずによって覆いつくされるのが理想だ。

以上は、最近の幼稚園児用弁当の話である。私が子供の頃はもっとシンプルだった。「桜でんぶ」なるものがよくご飯の上にかかっていた。それ以外のおかずはあまり覚えていないが、たいてい卵焼きだったような気がする。

中学・高校になると、豚肉の生姜《しょうが》焼きやら海老フライやらが登場した。母が作ってくれたお弁当のおかずの中で一番好きだったのは竹輪《ちくわ》の穴にチーズを詰めて揚げたものだ。これはかなりの頻度でお弁当に入っていた。

友人たちとお弁当について思い出話をすると、スパゲッティ・ナポリタンやおかかに醤油《しょうゆ》をまぶしたものがおかずだったなんていう話が出てくる。中学の頃、お母さんが水商売で夜遅くまで働いているため、朝、お弁当を作ることができず、お昼に売店でパンを買う男子がいたのを覚えている。クリームパンやジャムパンを食べているのをむしろ羨《うらや》ましく思ったものだ。

私が子供時代を過ごした一九六〇—七〇年代の新潟県の農村は、弁当に工夫など凝らさなかった時代であり地域であった（今思うと、りんごをウサギの形に切らなくても、とにかく毎日欠かさずお弁当を作ること自体が大変なことだっただろうが)。季節ごとの野菜を伝統的なやり方で調理することが農家の嫁に求められたことだ。春はふきのとうの天ぷら、夏は蒸し茄《な》子《す》、秋はきのこ汁、冬は秋のうちに漬けておいた白菜や大根の漬物。北海道出身の母が自分の生まれ故郷の料理を作ることも、子供のためだけにハンバーグやらグラタンやらを作ることもなかった(そもそも当時オーブンなんてなかった)。祖父母の口に合うような田舎料理を作ることが至上命令であった。

母親が子供に手をかける習慣は、高度経済成長期以降の都市における中流以上の家庭で起こった比較的新しい習慣だ。近代教育システムの産物としての「専業主婦」という存在が都市部では一般的になった。または、日本の社会組織そのものが専業主婦の存在を前提として成り立つようになった、というほうが正しいのかもしれない。

幼稚園児に携えさせなければならない弁当ひとつとっても(それに付随する「弁当袋」作りなども含めて)、女性がフルタイムの本格的な仕事をもつことを困難にする。一方、専業主婦がすべての家事をやり「銃後の守り」となることで夫は仕事に埋没できる。仕事人間の男たちが会社に献身的に奉仕したからこそ、日本の高度経済成長は成し遂げられた。他方、女性はパートや派遣などの安い労働力として社会で重宝がられる。そういう循環システムが日本社会にはかつて存在していた。

夫不在の家庭において、妻は妻としてよりも母として活躍するシーンのほうが多い。農家の嫁のアイデンティティは、子供を立派な大学に入れることとは関係しない。子供は農家を継ぐのだから、大学に入ってフランス文学や原子物理学を学ぶ必要はないのだ。

しかし、都会の核家族における女性のアイデンティティは子育てにおける愛情の注入如何《いかん》と深く関わってくる。生産機能が消失した家庭環境にあって、女性が生産できるものは子供だ。農家においてはその生産物である米や野菜の出来によってその家の優秀さが判断されるのに対し、都会のサラリーマン家庭においてはその生産物である子供の出来によって、その家族が幸せかどうかが判断される。だから、その子供に持たせる弁当は大切なのだ。

私の友人のK子の妹の長男が優秀な高校に進学したが、家から通うには遠かった。そこで、その高校がある長岡市の実家に預けることにした。K子のお母さんはその頃八十歳少し前で、一人暮らしをしていたが、とにかく孫の「お弁当作り」が大変であると、同じ長岡市に住むK子にもらしていた。

年寄りの一人暮らしでは肉などほとんど食べないが、お弁当のために唐揚げやらとんかつやらを作らないといけない。おばあさんは、「お弁当作り」があまりのストレスになってついにその子を引き取ってもらうことにした。山間部にある十日町《とおかまち》市からだと長岡市に通うのは遠いのだが、新潟県有数の進学校であるN高に通う息子を、K子の妹はその後、毎朝車で送っていったそうだ。

　このように、「弁当作り」は、静かに老後を送っていたひとりの女性の平穏な暮らしを脅かした習俗なのであった。

「外」と「内」との間にある「弁当」

　アメリカの文化人類学者アン・アリソンにとって、日本の弁当は瞠目《どうもく》すべき日本的制度であった。弁当は、携帯用昼食であることを超えて、ジェンダー・イデオロギーの表出なのである。

　アリソンは息子を十五カ月間、日本の幼稚園に通わせた。デイケア――という役割が大きい保育園とは異なり、幼稚園は、小学校から始まる義務教育の準備を子供たちにさせるという教育的側面が重要視される。幼稚園は、過酷な社会にデビューする前の準備期間を子供たちに与えてくれる。過渡期としての幼稚園時代を子供たちにとって少しでも過ごしやすい年月にするために、母親手作りの弁当が重要となるわけだ。

　アリソンによれば、日本人は、「外」と「内」という相対立する概念によって社会的文化的空間をふたつに分けて考える傾向があるという（「鬼は外、福は内」の考えであろうか）。「外」には他人が、「内」には親しい人々がいる。「外」は不潔で敵対的な場所、「内」は清潔で快適な場所。学校は「外」、家は「内」。「内」で作られた弁当を持参することで、「外」で待ち受けているかもしれない様々な脅威から子供は守られる。母親が作る弁当は、子供が初めて「外」に向けて出発するときの不安を和らげてくれる役目がある。母が作ってくれる弁当があれば、子供にとって「外」は耐え難い場所ではなくなる。(2)

私自身が、母が作ってくれた「桜でんぶ」かけご飯を幼稚園で食べたとき、「外」の脅威から守られている感覚があったかどうかは、よく覚えていない。ただ「桜でんぶ」の鮮やかなピンク色を、昨日食べたお弁当のように今でも思い出せるということは、そこに何かセンチメンタルなものが存在していたのかもしれない。

日本社会における母と子のアイデンティティ

母親は弁当を作るという創造的な仕事を通じて、子供は弁当をたいらげるという義務を通じて、母親として子供として日本社会のなかで自らのアイデンティティを構築するのだと、アリソンはいう。(3)

弁当または給食を残さずきちんと食べるというのは、幼稚園または小学校において重要な規則のひとつである。アリソンの子供はその幼稚園でひとりだけ非・日本人であったため、異国の地における新しい環境になかなか適応できなかった。アリソンは、息子の日本語能力がまだ十分ではないことが主な原因だと思っていた。しかし、幼稚園の先生の話は、彼が「ニンジンを残した」とか「さやえんどうは全部食べた」とか、弁当にまつわる事柄に終始するのであった。(4)

「弁当を全部食べる」というのは、幼稚園で子供たちに教え込まれる数多くの規律や規範のひとつである。毎日の習慣づけを通じて子供たちは集団生活の何たるかを学び、日本社会に適応していく。そこにおいて個性や自分で決断する能力は重要視されない。(5) アリソンは、自分の子供の長所が、日本社会で重視される「集団への適合」という理想のもとで、押しつぶされてしまったことを嘆いている、そんなニュアンスを読みとることができる。

他方、母親のほうも、弁当作りを通じて、日本社会のなかで母親としてのアイデンティティを確かなものにしていくのだ。弁当作りは朝になってから始まるのではない。前の日から弁当のことを考えて買い物に行き、夕食の残り物が弁当のおかずになるよう工夫する。「ママ友」たちは弁当レシピについての情報交換に余念がない。弁当箱、水筒、おかずを入れる小さな容器、ウインナーやりんごをつまんで食べるための楊子《ようじ》、その他かわいいアイテムを求めて店から店へと歩き回ることも厭わない。弁当を入れる袋やその他様々な小道具を手作りし、ワッペンを貼りつけ、名前を縫いつける。様々な会合に参加し、遠足やその他のお出かけに付き添う。

幼稚園の弁当はほんの手始めで、弁当作りはその後も延々と続く。小学校は給食の場合が多いだろうが、中学・高校はたいてい弁当だ。子供が部活をやっていれば、昼の弁当以外にも、朝練のあとのおにぎりや、放課後の練習前のおにぎりや、練習が終わったあとのおにぎりも握らなければならない。

もちろん、母親は弁当だけ作れば母親としての役目を十分果たしたと思われるわけではない。小学校や中学校を受験するともなれば、母親が子供の得意・不得意を見極め、一緒に勉強する。鉛筆も削ってやる。塾や習いごとに通わせるとなると、その送り迎えもする。大学受験となれば夜食も用意しないといけない。寝る前にはホットミルクも作ってあげる。

日本社会においては、子供の失敗は母親の失敗、子供の成功は母親の成功とみなされる傾向があるので油断大敵だ。このようにして、女性は息つく暇なく子育てをし、それによって社会に参入し、母親として自らのアイデンティティを獲得するのである。

子供に対するコミットメントはひとえに子供のためだけになされるのではなく、自らのためでもあるのだ。そのことを意識してかどうか、女性たちは必ずしも自らの過酷な運命を呪ってはいない。

アリソンは「みなみ」という日本人の友人を例に出している。彼女は、三歳と一歳の子供の母親であったが、結婚するまではオペラ歌手であった。今、彼女の時間はほぼすべて子供のために費やされる。彼女はアリソンに、歌を歌いたいがその時間がないことを嘆いていた。

しかし、母親としての仕事に時間を奪われていることを嘆いていながら、不思議と彼女は不満そうには見えない、とアリソンは観察する。(6) 慧眼《けいがん》だ。日本人は「私はハッピー！」とは言わない。あたかも現状に不満を抱いているかのように語る傾向があるが、実際はそうでないことが多い。みなみは、オペラ歌手として身を立てることの過酷さよりも、日本社会のなかで決まった場所と仕事をあてがわれている母親という役割を選び、それを心地よく思っているのであろう。

日本の女性たちはお弁当作りという難儀な仕事を楽しんでいるようにも見えるのである。「幼稚園も給食にすべきだ！」とか「アメリカみたいにサンドイッチとりんごと小袋ポテトチップスでいいじゃないか！」という声は聞こえてこない。「大変なのよ～」と不平を言うにもかかわらず、母親たちはむしろ嬉々《きき》として弁当作りを楽しんでいるようだ。

「ママタレ」という存在を見ると、その感を強くする。日本の女性アイドルは若い頃が旬なので、タイミングよく結婚し、子供を産み、今度は「ママタレ」として再デビューを果たす。そして、子育ての苦労、料理やその他の家事における工夫、夫との関係（愚痴が多い）

などを世の中に発信し、母親たちの見本となる。彼女たちにとって「ママ」であることは重要なアイデンティティだ。「私もひとりの人間として見てもらいたい！」と反対意見を言い立てることはまずありえない。洗剤や食品や家電などのテレビ・コマーシャルのオファーをもらえるよう、「ママタレ」としてのイメージアップをはかることに余念がない。

弁当もママタレも日本社会の一部となり、凝りに凝ったお弁当も、芸の道を究《きわ》めようとする代わりにママとしての役割に徹するママタレも、社会を形成するひとつの記号と化し、その意味と表象との結合のあり方が疑問視されることはない。

ジェンダー・イデオロギーとしての「弁当」

「文化」とは大きな力をもったひとつのイデオロギーだ。それは自然発生的で非政治的な装いをしているためにその起源が問われることはなく、人々の生活にじわじわと浸透してくる。しばしば他のものに身をやつして、明らかにそれとわかる風ではなく。イデオロギーは人々が、世界をある特定の視点から見るよう教化する。

弁当の中のりんごをウサギのようにカットするのは、子供にりんごを食べさせるため、好き嫌いをなくすため、子供に弁当を持たせるのはいつも食べ慣れた食べ物を食べさせるため——そんなもっともらしい理由のもと、女性はいつの間にか無給の労働力として社会に組み込まれていく。
弁当そして弁当作りは日本社会においてひとつの記号となる。母の愛情という意味を充満させた記号だ。「母の愛情」と「弁当」との間に密接な関係性が築き上げられると、切り離すのは難しい。女性が弁当作りという「儀式」を通じて自らの主体性を獲得することに慣れてしまうからだ。

それは幼稚園というひとつの社会構造のなかで先生、園児、母親が織りなす支配・被支配的関係性（政治性）を見えなくしてしまう。幼稚園が、また、幼稚園に名を借りた国家が、母親たちにひとつの社会的な役割を強いているのだが、その役割の範囲内で母親たちは最大限の喜びと満足を得ようとする。母親に要求される様々な活動を通じて社会に参画することの居心地のよさに慣れてしまうことが、イデオロギー操作への加担になることには気づかずに。

世界を再解釈するためには、大きくジャンプしてまったく別の視点から世界を見る必要がある。アリソンのような他の国から来た女性にとっては、日本社会における「弁当」という記号は、違和感に満ちた不思議な表象であった。他者の目から見られたとき、自然化され非歴史化された「弁当」という存在の土台が、実は非本質的で歴史的であるということを暴露するのである。

日本の食は宗教か⁉

女性たちが、ひとつの社会構造を担うように秘《ひそ》かに操作され、あてがわれた場所に身を置いて、期待された仕事をきっちりとこなすのと同じように、弁当の中のおかずたちは、小さな器の中で、それぞれの境界線を守り、つゆを他のおかずに浸みさせることはなく、弁当箱内構造において自らに与えられた役割をきっちりと果たす。

日本において食はひとつの宗教である。日本人の多くは海外に行くとすぐに日本食を恋しがり、日本食レストランを探し求める。そして行き着いた先では、「これは本物の日本食ではない」と批判する（私自身の話である）。日本食信奉の核心は、ご飯信奉なのだ。パサパサしたカリフォルニア米は本物の米ではない、やっぱりコシヒカリに限る、とアメリカの米を偽物扱いする（これも私自身の話である）。

ジェームズ・ワトソン編、前川啓治、竹内惠行、岡部曜子訳『マクドナルドはグローバルか――東アジアのファーストフード』（新曜社、二〇〇三年）という本は、北京《ペキン》、香港、台北《タイペイ》、ソウル、日本（日本だけ、特定の都市についての論考ではない）において、マクドナルドによる文化帝国主義が地域文化をいかに変容させたか、また、逆に、地域文化が脱国籍企業をいかに「現地化」したか、を論じた本である（原著は *Golden Arches East : MacDonald's in East Asia,* second edition〈1997; Stanford: Stanford University Press, 2006〉)。

日本の章は、『コメの人類学――日本人の自己認識』(岩波書店、一九九五年)の著者でもある大貫恵美子によって執筆されている。大貫は、マクドナルドのハンバーガーが、うどん・そば・ラーメンなどの麺類や丼物といったランチの定番メニューと競合せず、「スナック」として認識されていると指摘するが、その理由を、ハンバーガーがご飯ではなくパンであることに見出している[7](ただし、この本のもとの英語版が出版されたのが一九九七年であるので、ハンバーガーやマクドナルド、またそれ以外の食に対する認識は今では大きく変化したように思われる。たとえば、大貫は、「パンはあくまで朝食用で、それ以外ではサンドイッチでさえあまり人気がない」と前掲書二一三頁で言っているが、そんなことはない。第2部で村上春樹に関連してサンドイッチに言及するが、サンドイッチは村上春樹の小説の主人公たちが好んで食べるだけでなく、特に若者たちの間で人気の食べ物である)。

仏教の教えである「殺生禁止」によって、明治以前の日本人の食卓で肉が供されることはなかった。ご飯と野菜と魚を常食としてきた日本人にとって、肉は「西洋」からもたらされた新規な食べ物であった(「ももんじ屋」など、イノシシを出す店は江戸時代から存在し、将軍は鶴を食べることもあったが、家庭で肉を食べることはなかった)。さらに、近代において、農本主義の信奉者たちは稲作農業が日本という国民国家の根幹であるという思想を唱えた(農業こそが国の本《もと》であるという思想であるが、昭和初期には、資本主義の中央集権を排し、農村を中心とした自治制にすべきであるという主張に発展した。それゆえ、ひと口に「農本主義」といっても様々な様相があり、複雑な思想体系を成している)。米が日本人のアイデンティティであるというイデオロギーが醸成されたのである。それゆえ、「米」と「肉」との関係は、「自己」と「他者」との関係として、二項対立的構造のなかで認識される傾向があった(8)。

パンもまた十九世紀末に横浜に伝来した新しい食べ物である。パンが日本人の食生活に浸透するまでにはかなりの時間を要した。現代では、多くの日本人が朝食にパンを食べていると思うが、これはそれほど長い伝統をもつ習慣ではない。

私が子供の頃は朝食はもっぱらご飯だった。朝食がパンになったのは、高校生の時以降、すなわち、一九七〇年代後半以降である(ただし、新潟県は米の産地なので、朝食のパン化は例外的に遅かったと思う(9))。

日本人は「ご飯を食べないとお腹《なか》いっぱいにならない」「パンだとすぐお腹が空く」と言いがちである。「日本人は」とか「日本では」という言葉を使って日本人や日本を一般化しようとすると、アメリカ人は、「ほら、来た、日本人論!」と言うのだが、パンを貶《おとし》めるかのように聞こえるこの発言に対しても、案の定、「ほら、また、日本人は!」と言われたことがある。アメリカ人からすると、「ご飯宗教」とでも呼びたくなるような、ご飯に対する愛情が気に食わなかったのであろう。米が「日本特有」の文化であるとでも言いたげな日本人の「日本特殊論」が嫌なのかもしれない。

同じく、アメリカ人の発言で、こちらのほうは、なるほど、思ったことがある。私がアメリカに留学していた一九九〇年代のニューヨーク周辺の東海岸では、毎日夜十時から日本のテレビ番組を放映していた（追って論ずる『料理の鉄人』もそのひとつであった）。日本語がわからないルームメイトもなぜか必ず私の隣に座って一緒に見ながら、「どうして……？」と何かにつけて質問してくる。その質問がなかなかおもしろい。「どうして日本の女性ニュースキャスターはハイ・トーンでしゃべるの？」とか、「どうして料理の番組が多いの？」とか、「どうして何か食べるたびにコメントするの？」とか。

後者のふたつの質問がここでは関係してくるのだが、確かに、日本のテレビでは料理したり食べたりする番組が多い。それぞれに異なるシチュエーションのなかで異なる目的をもって食べ物を話題にしているのだが（例えば店のオーナーの人生に焦点が当てられている場合もある）、言葉を理解せずに映像だけ見ていると、「食べ物」が画面に満ち満ちているという圧倒的な印象を受け取ってしまうのであろう。

日本人はなぜこんなに食にこだわるのであろうか？「食」が宗教になったからであるが、なぜ食は宗教になったのだろう？　1部の終わりまでには明らかにしたい。

日本食における意味の過剰〜ロラン・バルトの『表徴の帝国』より

弁当の中心はご飯ではあるが、ご飯は最近では熊やパンダや力士の形に成型されて、髪や眉毛や目を表象するために海苔《のり》をくっつけられ、唇を表象するために紅ショウガをくっつけられる。形や色の異なる断片化された複数の食材が自然界や人間界を模倣する、そんな日本の弁当をロラン・バルトが目にしていたら、『表徴の帝国』（一九七〇年）の一章として、その驚きを見事な文章で描写していたであろう。

バルトは、すき焼きにおいては、まず生の材料が大皿に盛られて運ばれるという事実を前にして驚きを隠さない。生の材料は、「市場の実質そのもの、つまり新鮮さ、自然さ、多様さ、さらには単なる素材を食事のドラマの約束へと変化せしめる仕分け」「自然にして同時に商品、自然商品である市場の商品[10]」である。

断片的に見えるこの生の材料は、鍋の中に入れられることによって連続性を生み出していくが、フランス料理のようにひとつの構造のなかの始まりと中心と終わりがない。「どんな日本料理にも、《中心》がない」。「いっさいがもう一つの別の装飾のための装飾である」。「料理は単なる断片のコレクションであるにすぎず、その断片のどの一つも、どれからさきに食べられなければならないという特権的な順序をもってはいない[11]」。

「すき焼き」は「料理作りの時間と料理費消の時間とを、一瞬のうちに結びつける」料理であると観察される。料理人は箸を軽やかに扱って大皿に盛られた食材たちからひとつの食材を拾い上げ、あたかもインスピレーションを受けたかのように次の食材に移る。食べ始めのとき以外は「明確な瞬間も場所も、もはや存在しない」「とだえることのないテキストのように、中心をもたない」、そんな料理がすき焼きだ。[12]

他方、天ぷらはすきまだらけだ。野菜や海老の断片は「空虚な小さな塊、すきまの集合体」となる。西洋のフライに見られるような重さから解き放たれた「すがすがしい」天ぷら。天ぷらは「完璧な周縁をもたないすきま」。小麦粉のレースは食べ物を不完全にしか包み込まないため、そのすきまからはピーマンの緑色や海老のバラ色が透けて見える。[13]

明確な始まりと終わりをもたずに永遠に続いていくテクストのようなすき焼きと、油の中に浸したがために逆にすきまだらけになり、お腹を満たすという本来の目的を果たさないかのように見える天ぷら。バルトにとって日本の食べ物はシニフィアンがシニフィエをはるかに上回り、意味の過剰と同時に意味の欠如を生み出すものであった。

それは、彼が「包み」という章で述べている、風呂敷や紙や箱によって何重にも囲い込まれた贈り物と同じだ。日本の生け花がすきまに満ちていて、本来の花を活《い》けるという行為とは裏腹に、花の「存在の薄さ」とでもいえるようなものを表現するのにも似て、さんざん外側を取り払ったあげくに、出てくるものは、ほんの小さなものであったりする、そんなことを言っているのであろう。

確かに、ヨーロッパやアメリカでプレゼントを開ける行為はしばしば箱の蓋《ふた》を開けることだけで終わる簡単な行為だ。日本では恭《うやうや》しく風呂敷が取り去られると、そこには箱がある。箱はさらに紙に包まれている。箱を開けると再び包み紙がある。幾重にも重なる紙の向こうにようやく中心が仄見える。空間的にも時間的にも遠くへ行かないと核心部分に行き着くことができない構造となっているのだ。

同様に、すき焼きと天ぷらも意味の欠如を提示する。調理されていない生の材料がもっともらしく食卓の上に載せられる。それが調味料とともに適宜、鍋の中に入れられる。何とも簡単な作業ではないか。その作業が儀式のように恭しくとり行われるのだ。そこには、フランス料理に見られるような、人工が自然を敗北させ支配するプロセスがない。天ぷらにおいてはピーマンの緑色や海老のバラ色のように、素材の色がすきまだらけの衣から透けて見える。様々な作業を経たあげくに結局生の材料とほとんど変わらない状態に帰着するとは、何という矛盾なのだろう。

シニフィアンとシニフィエとが一致しない、この記号作用は、弁当と同じである。弁当においては、多大な労力と時間がつぎ込まれ、自然の材料が別の自然を真似《まね》る様が再現されるが、これが意味するところのシニフィエは何だろう？　ほとんど料理されていない料理であるすき焼きとすききまだらけの料理である天ぷらにおいて、料理するというプロセスが「儀式」であるように、弁当も「儀式」である。過剰にも見える作業工程はそれ自体のためになされているように思えるからだ。その儀式化されたアクションによって生み出されるのは、食べるための食べ物というシニフィエではなく、そのシニフィエを覆いつくさんばかりの過剰な意味作用「母の愛情」である。

小林カツ代のような人が母親だったら、毎日どんなにおいしいお弁当だっただろうと思わなくもないが、今となってはどうでもよい。私の母もとにかく毎日欠かさずお弁当を作ってくれたのだ。

2章 「家庭料理」というイデオロギー

「専業主婦」の産物である「母子密着」

芸術的な（少なくとも愛情がこもっているると認識されるような）お弁当を作らなければいけないというプレッシャーは、高度経済成長とともに、逆説的に、より一層主婦の上にのしかかってくる。一九五五年に三一・二％だった女性雇用者の割合は、一九六五年には四八・六％、一九七〇年には五四・七％となる。[14] 働く女性が増えると、女性がもっぱら家事を行うべきであるという想定がなくなるのではないかと思われるが、実はそうではない。働く女性は働きながらも家事を行う。

今では少数派になってしまった専業主婦は、働く主婦たちを横目に、自らが恵まれた環境にあることに感謝し、ゆったりと楽しみながら家事を行う、かと思いきや、そうではない。専業主婦は専業主婦であることの意義が問われるようになってしまうのだ。専業主婦は時間があるのだからと完璧に家事を行うことが求められる。働く主婦は、働いているために家事を少しでもおろそかにすると、働いていることの不利益を指摘されかねない。

結局、働いていようがいまいが、女性は家庭にあって「主婦」であることを求められることに変わりはない、という宿命なのだ。件《くだん》のアン・アリソンは文化人類学者でありながら、幼稚園の先生やママ友たちと接するときは、もっぱら母親としての一面でのみ会話をし、専業主婦と何ら変わりないお弁当を作ることを求められた。

時代とともに、台所や調理器具はどんどん便利になり、食材も豊富となり、主婦はますます高水準の家事をとり行うことが期待される。母親は子供の面倒をさらにきめ細かく見る時間も器具も手に入れるので、クッキーやらパンケーキやらを作ることが期待される。「僕のお母さんは大学教授で、論文書くのに忙しいから、今日の夕ご飯はマクドナルドなんだ」なんて、息子が近所で言おうものなら、「だから、女が学問なんてするとろくなもんじゃねえ」と言われてしまう（私には子供がいないので、以上は妄想である）。

孤立した都会の核家族においては、母が子供に手をかける時間をもてばもつほど、母と子の間の情緒的密着はますます高まり、両者の心理的緊張も高まっていく。

私の母は母性にのめり込む時間はなかった。家には祖父母がいたし、父の兄弟一家も同居し、今となっては誰のどういう縁者なのか不明なお婆《ばあ》さんもいた。常にたくさんの人が家にいた。

私の家を五〇倍くらいの規模にしたのが、青森県北津軽郡金木村《かなぎ》（今の五所川原市《ごしょがわら》）の大地主津島家である。そこに生まれた太宰治（一九〇九―四八年）は、全部で一一人の子供のうち一〇番目として生まれたが、母が病弱なこともあり、幼い頃から、最初は叔母、次に乳母のタケ（乳母といっても当時まだ十四歳だった）に育てられた。『津軽』は太宰の作品のなかでも珍しくほのぼのとしたユーモア溢《あふ》れる紀行文であるが、久しぶりに故郷に帰った太宰にとっての望郷の念とは、乳母に対する懐かしさに他ならないということが、切ないまでに感じとれる。私の子供時代同様、母子密着とはほど遠い世界である。

幻想としての「おふくろの味」～『料理の鉄人』と小林カツ代の「肉じゃが」

小林カツ代の「肉じゃが」は、「肉じゃが」こそが「おふくろの味」であるという幻想をつくったように思える。女性は男性の心をつかもうとするとき、「いざ、肉じゃが！」と台所に向かって出陣することになる。

NHK『きょうの料理』で二十年以上活躍していた小林カツ代である。一九九四年八月に『料理の鉄人』で鉄人・陳建一に勝利したことは、「家庭料理」をひとつの料理のジャンルとして格上げするのに大きく貢献した。番組の冒頭で小林は、「家庭料理は、いわゆるプロが作った料理と比べると、格下の料理のように思われているけど、そうじゃない。日本料理、フランス料理、中国料理とあるならば、それらの料理と同じ延長線上に家庭料理というジャンルがあるのよ(15)」と高らかに宣言していた。

『料理の鉄人』とは、フジテレビ系列で一九九三―九九年まで放映された(その後特番として二〇〇二年まで続いた)料理バラエティー番組である。「美食アカデミー」主宰という設定の俳優・鹿賀丈史《かがたけし》の「私の記憶が確かならば」(アルチュール・ランボオ『地獄の季節』〈一八七三年〉冒頭)という仰々しいセリフから始まるこの番組は、自信に満ちて堂々とした料理人、付き従う忍者のような助手たちの絶対服従、料理評論家・岸朝子の「おいしゅうございました」という前時代的な言葉の響き、お嬢様タレントだった高田万由子のおっとりぶり、写真家で審査員だった加納典明《てんめい》の辛辣《しんらつ》すぎるがゆえに劇的なコメントなどが相俟って、群雄割拠の戦国時代における武士たちの戦を彷彿《ほうふつ》とさせた。

中華の鉄人は初回から最後まで陳建一(担当年:一九九三―二〇〇二年)。和の鉄人は初代が道場《みちば》六三郎(担当年:一九九三―九六年)、二代目は「なだ万」の中村孝明《こうめい》(担当年:一九九六―九八年)、三代目はアメリカにある「ＮＯＢＵ」の森本正治(一九九八―二〇〇二年)。フレンチの鉄人は初代が石鍋裕(担当年:一九九三―九四年)だったがすぐにやめ、その後を引き継ぎ最後まで坂井宏之(担当年:一九九四―二〇〇二年)。神戸《こうべ》勝彦はイタリアンの鉄人として一九九七年から加わった(担当年:一九九七―二〇〇二年)。毎週、挑戦者はこれら鉄人のうちひとりを選び、挑戦する。

小林カツ代は一九九四年、ふたり目の女性挑戦者として登場した。ひとり目は加賀田《かがた》京子。加賀田は女子栄養大学を卒業し、ロイヤルパークホテルに入社、この出演の後、「Ｂｉｓｔｒｏあおい食堂」をオーナーシェフとして開店する。彼女は一九九四年一月に二〇人目にして初めての女性挑戦者として登場し、鉄人・陳建一に勝利した。

女性挑戦者に苦手意識がある陳建一は、小林が「どの鉄人でもよい」と言い、鹿賀が代わりに陳を指名したとき、顔を強張《こわば》らせたように見えた。一方、小林のほうは、鹿賀の語りのなかで「芋蔓式《いもづるしき》」という言葉が出てきたときからすでに、得意の食材の予感に小躍りせんばかりであった。

食材は毎回その場で明かされる。食材を覆っていた布が取り払われ、その下から「じゃがいも」が姿を現す。喜ぶ小林と顔をしかめる陳。中華の陳にとってじゃがいもは決して有利な食材ではない。戦いが始まる前から勝負はついていたように見えた。

鹿賀の「Allez cuisine!（いざ、料理へ！）」という言葉でふたりは戦場へと躍り出る。キッチン・スタジアムを終始楽しそうに駆け回っていた小林が完成させた料理は全部で七品。「家庭料理の大御所」に向けられた期待に応えて「肉じゃが」もきっちり作った。

小林の肉じゃがは、一見普通に見えるが、工夫が凝らされている。まず玉ねぎと牛肉を炒《いた》め、牛肉めがけて砂糖・みりん・醤油を投入。じゃがいもを加えてひと混ぜし、水を注いで蓋をし、強めの中火で十分前後煮る。出汁《だし》を使わず、強火で短時間で作り上げる、時短料理だ。煮物は煮込むものという常識を覆した調理法だ。調味料は肉の上に投入されるので、肉は濃い目の味付け、じゃがいもはあっさり。味にアクセントが出る。[16]

肉じゃがに加えて次の六品。じゃがいもご飯（醤油で味付けしたじゃがいもと海老を米と一緒に炊き込み、最後に香ばしい煎りごまをかける）、じゃがいものすりおろし汁（じゃがいもと鶏の挽《ひ》き肉の肉団子）、畑のつみれ（じゃがいもと豆腐を合わせた種を揚げて酢醤油で食べる）、森のサラダ（スライスしたじゃがいもに青ネギとシメジ、隠し味にアンチョビ）、じゃがいもチーズ（千切りのじゃがいもをにんにくバターで炒め、最後にパルメザンチーズをかける）、バナナボートのデザート（じゃがいもとバナナを揚げ、マヨネーズと粒マスタードで和《あ》える）。

陳は四品完成させた。伊勢海老とキャビア入りシャキシャキサラダ（くり抜いた二種類のじゃがいもとキャビアを合わせる）、揚げじゃがと豚ひれ肉の甘辛炒め（豆板醤と甜麺醤《テンメンジャン》で味つけ）、蒸しじゃがの鶏肉入り土鍋煮込み（トロトロに溶けたじゃがいも）、茹《ゆ》でじゃが桃入りパパイヤミルク味のデザート（すりつぶしたじゃがいもと桃を合わせ、パパイヤミルクで味つけ）。

小林は一時間の対戦が終わると、満面の笑みを浮かべながら、「すっごい楽しかった」を繰り返した。それに対して陳は苦笑いを浮かべながら「頑張りましたけどね」と元気がない。

英語のYouTubeで聞くと、キッチン・スタジアムでは“artistic creativity never tasted before（今まで誰も味わったことのない芸術的創作品）”が創り出されるという。その名にふさわしいのは陳の作品のように思えた。土鍋の中のじゃがいもがトロトロなのは、すりつぶしたじゃがいもを蒸してから成型して入れるというふたつの工程を経ているからだ。じゃがいもと桃とパパイヤとミルクをひとつのデザートにするなんて、誰もが考えつく技ではない。

しかし、軍配は小林に上がった。「技巧や奇抜に走らず、ちょっとしたアイデア」（テレビのナレーション）に満ちていて、圧倒的においしそうで、人に食べさせたいという思いに溢れているような料理の数々であった。それを食べた審査員たちにとって、小林の家庭料理を陳の中華料理よりも劣っていると判定するには、自らの日本人としての味覚を否定し、家庭料理なんていらないと宣言する、そんな勇気が必要であっただろう。「全国の主婦が崇拝する家庭料理の神様」として紹介された小林を敗者とすることは、日本の主婦に対して宣戦布告するにも等しい行為であっただろう。そんな象徴的な色彩を帯びた戦いであった。

私はリアルタイムでこの対戦を見ていたときのことを鮮明に覚えている（これを書くために最近YouTubeで何度か見直した）。料理の見栄えは陳のほうが良かったのだが、品数が少ないので寂しそうな印象があった。しかし何よりも小林のほうが自信に満ちていて、オーラを放っていたのだ。料理を味見しなくても、小林が勝つだろうと私はテレビの前で確信していた。

小林は、「全国の主婦が崇拝する家庭料理の神様」として紹介されたのだが、元の原稿では、「日本全国一千万人の主婦の頂点に君臨する挑戦者・小林カツ代」であった。小林は自分が「主婦」として紹介されることに大きな違和感をもったようだ。自分は主婦ではない、プロの料理研究家としてやっているのだ、と。

テレビ局の側は、女性やジェンダーに関する深い信念をもってそんなことを言ったわけではなく、単に、「主婦」という言葉を使ったほうが、全国の主婦の共感を得て、視聴率が上がるだろうと目論《もくろ》んだだけのことであろう。結局、「主婦」という肩書を消すことで和解したそうだ。(17)

しかし、「主婦の頂点」であろうが、「全国の主婦が崇拝する」であろうが、「主婦」という言葉を使って小林を描写した以上は、「主婦」というイメージが色濃く残る。「幸せな家庭のお母さん」という雰囲気を身にまとった小林の存在感が表現の微細な違いを圧倒した。「プロの家庭料理研究家」というフレーズにおいては、「プロ」よりは、「家庭料理」のほうが視聴者の心に強く訴えかけたような気がする。

小林が肉じゃがを作るかどうか、実況アナウンサーも解説者も注目して見ていたように思える。そして、遂に彼女が肉じゃがを作る気配を見せはじめたとき、アナウンサーも解説者も歓喜の声をあげ、会場が期待に満ちた。小林カツ代が肉じゃがを作らず、プロフェッショナルな雰囲気の料理ばかり作ったら、それをどんな言葉でどんなふうに伝えたらよいか、不安だったのかもしれない。

小林カツ代は、家庭料理という周縁的な料理ジャンルを日本料理やフランス料理に比肩するものに押し上げようとした。小林自身は「プロの」家庭料理人となったが、女性たちはそのプロ意識の高い家庭料理を見て、少しでも小林のレベルに近づくため、自らのアマチュアぶりを叱咤《しった》する。

小林が得意とする時短料理は、働く女性が家に帰ってきて、短時間で夕食を作ることを可能にすることが目的であり、それによって女性たちは楽になるはずだった。しかし、逆説的に、短時間で夕食を作ることができるようになると、働く女性たちは夕食作りから解放されなくなってしまう。ビーフシチューを作るのに、缶詰のデミグラスソースを使ってもいいのよ、と小林は女性たちに優しく囁《ささや》く。そうすると、複雑な工程を経ずとも、ビーフシチューを作ることができちゃうのだ。ああ、よかった、とほっとすると同時に、だから、ビーフシチュー作ってくれ、という夫の声が聞こえてくる。レストランに食べに行こうよ！（私は結婚していないので、以上は妄想である）

小林カツ代が「家庭料理の大御所」であること、肉じゃがが「おふくろの味」であること、小林のようなお母さんが家庭にいてこんな心温まるご飯を作ってくれるのが理想であること――そんなことがこのとき『料理の鉄人』において語られたのだ。

のちに料理家としてデビューを果たす息子のケンタロウ(18)も客席で見ていた。小林カツ代の「母性」がキッチン・スタジアムで輝いて見えた。小林カツ代が陳建一に勝利した瞬間は、「母性」が日本の文化的規範として神話性を獲得した瞬間でもあったのだ(19)。

しかし、ふと考えてみると、「肉じゃが」が「おふくろの味」の典型であるかのように言われがちだが、世の女性たちが男の胃袋をつかもうとするとき、本当に肉じゃがを作っているのだろうか、という疑問はある。いったい、どこの誰が肉じゃがで男心をつかんだのか、そんなエピソードを少なくとも身近な範囲内ではいまだかつて聞いたことがない。「肉じゃが」＝「おふくろの味」という関連性だけがひとり歩きしているのではないか。日本の母親たちはそんなに毎晩せっせと肉じゃがを作っているのか。

小林カツ代のような料理上手なお母さんだったらなあ、おいしい肉じゃがが作ってくれるお母さんだったらなあ——そんな願望だけが存在し、現実にあるのは、幻想の母と幻想のおふくろの味である。完璧な母性など存在しない。それは、常に失われたものとして、過去にあったかもしれないものとして、未来にあるかもしれないものとして、想起と懐古と願望の対象としてのみ存在する。

料理における「男性性」と「女性性」

小林カツ代と陳建一の対戦は多くの点において「女性性」と「男性性」との象徴的な戦いでもあった。

日本の料理番組においては、「男性性」が「権威（流派）」「力」「所有」と関連づけられ、「女性性」は、二項対立的構造のなかで、それと対照的なものとして規定される、と論ずるのは、アメリカで生まれ、日本の大学で教えていた社会学者のT・J・M・ホールデンである[20]。この対照性は明らかに主張されたり論じられたりするわけではないが、いつの間にかテレビ番組のなかに侵入し、当たり前のようにそこに存在しているので、誰かが高くジャンプして外側から見てみないと、そのイデオロギー性にはなかなか気がつかない。

『料理の鉄人』のキッチン・スタジアムは武士の戦場だ。競争原理に支配された世界だ。

ホールデンが分析するには、料理番組において「男性性」は三つの特徴とともに現れる。一．男性は司会またはシェフの役割を担う、二．男性はプロの料理人である、三．男性はオーナー・経営者・ビジネスマンである。

陳建一は、「四川《しせん》料理の父」であり「エビチリ」と「麻婆豆腐」の生みの親として日本の中華料理界に多大な貢献を成した陳建民《けんみん》（一九一九―九〇年）の長男として、一九五六年東京に生まれた。陳が、父建民がエビチリにトマトケチャップを入れたり麻婆豆腐を豚肉と長ネギで作ったりすることで、日本人の口に合わせた四川料理を創作したのだと語るとき、その卓越した知識と出自の正統性を前にして、誰も何も言うことはできない。

フランスやイタリアに行って修業し帰国した日本人が店を開くことの多いフレンチやイタリアンに比べると、中華料理は中国人シェフの割合が非常に多い。

アヘン戦争（一八四〇―四二年）でイギリスに敗れた清国からは多くの人々が海外に出ていき、「華僑《かきょう》」としてその地に根を張った。華僑が日本に入国しはじめたのは、一八五八年に日米修好通商条約が締結された翌年、横浜が開港したときであった。一八六一年時点で一二六人いた外国人商人に伴われて日本に来た中国人は「買弁《ばいべん》」と呼ばれ、その主な仕事は、西洋人商人のために食料品の買い付けや金銭の出納など日常生活全般の世話をすることであった(21)。

やがて、一八七一年の日清修好条規によって、清国人も居留地内において家屋を所有したり地所を借用したりすることができるようになる。[22] 華僑の職業としては「三把刀《さんばとう》（コックが使う「包丁」、床屋の「剃刀《かみそり》」、仕立て屋の「剪刀《せんとう》」）」が多いといわれたが、[23] 一八八四年に老舗中華レストラン「聘珍樓《へいちんろう》」が開店するものの、[24] 中華料理はまだ日本人が食するものではなかった。

中華料理店が一気に増加したのは、一八九九年に外国人居留地が撤廃され、中国人が日本人相手の商売として中華料理を選んだのが主な理由ではないかといわれる。[25]

このような歴史的経緯のゆえに、中華料理店の経営者は、中国人もしくはその二世や三世の場合が多い。日本人シェフにとって中華料理を専門とすることは、子供の頃から本場の中華料理を食べてきた中国人と競うことであるため、よほどの覚悟が必要となってくるであろう。

陳建一は、日本生まれ日本育ちではあるが、中国出身の父親から専門的な中華の知識を受け継いだプロであり、紛れもなく正当な「流派」に属する料理人である。

「男性性」の形成には、ある特定の流派を通じて伝授される専門知識の持ち主であるということが重要だとホールデンは言う。そういう点において、陳は疑いようのない「男性性」を付与されている。

『料理の鉄人』にもしばしば門下生を出演させた大阪の「辻調《つじちょう》グループ」は、辻静雄が一九六〇年に辻調理師学校を設立して以来拡大してきた関西料理界の雄である。また、同じく一門を形成し、しばしば「刺客」を送り込んだ関西を本拠とする神田川俊郎《としろう》の「神田川」も大きな勢力だ。他方、解説を担当していた服部幸應《ゆきお》が理事長を務める服部学園は東京で長い伝統を誇る調理師学校だ。

日本において、どの店で修業したかという「流派」は非常に大事にされる。その意味で、三代目和の鉄人・森本正治は異色であり、それなりの批判を受けなければならなかった。単身アメリカに渡り、松久信幸とロバート・デ・ニーロが共同経営する高級日本食レストラン「NOBU」の調理場を任された。その後自分自身の店を全米に展開する。彼はまさしくアメリカン・ドリームの実現者である。生き馬の目を抜くような競争原理によって成立するアメリカ社会において、包丁一本で一家を成した森本は、武士のような殺気を放っていた。日本食の伝統と格式に反旗を翻すような料理を次々と作る森本は、『料理の鉄人』で異彩を放つ存在であった。

「権威」「力」「所有」を体現する男性に対して女性は周縁的存在である。どこにも属さない。公ではなく私の世界で提供される料理を作る。

小林カツ代は「プロフェッショナルとしての家庭料理」を作るのだと試合前に宣言した

が、その道のりはアマチュアであった。一九三七年、大阪の製菓材料卸問屋の次女として生まれたカツ代は、料理上手な母の手料理と、幼少期を過ごした堀江の味、そして大阪大空襲後に父が日本橋に店を再建したあとはミナミの味で育てられた。(26)

二十一歳で結婚して東京の新居で初めて作った味噌汁《みそしる》は、わかめを塩抜きもせずに大量に入れて出汁もとらずに作った大失敗作。子供の頃からおいしいものを食べることが大好きだった小林は一念発起して、お母さんに電話をかけて聞いたり、近所の魚屋さんに魚のおろし方を教えてもらったりして、料理修業に邁進《まいしん》する。(27)

ふとしたきっかけでテレビのワイドショーに投稿したことから、料理番組に出始めるようになった。(28) 料理研究家として成功した小林カツ代は数多くのスタッフを抱え、自分の会社を経営する経営者でありビジネス・ウーマンでもあった。

しかし、陳建一が「赤坂四川飯店」を、道場六三郎が銀座に「ろくさん亭」を、中村孝明が「なだ万」を、森本正治がカリフォルニアやハワイやドバイに「MORIMOTO」を、坂井宏之が青山やその他の場所に「ラ・ロシェル」を経営するのとは異なり、彼女は経営者としての顔を見せなかった。小林の家庭料理は、どこかの立派なレストランでハレの日の料理として供されることはない。

「男性性」と「女性性」は異なる場所に異なる価値観とともに存在する。小林カツ代という女性は、「男性性」に支配された場所にゲストとして出演し、そこに内在する価値観を借りて一瞬そこに存在感をまき散らしたあと、再び「女性性」の世界すなわち家庭へと帰っていったのであった。

ホールデンは、日本の料理番組に内在する「男性性」の論理を論ずるにあたって、『料理の鉄人』に言及しながらも詳細には分析していない。主に論ずる番組は、『どっちの料理ショー』（一九九七―二〇〇六年、日本テレビ系列）、『SMAP×SMAP』（一九九六―二〇一六年、フジテレビ系列）、『とんねるずのみなさんのおかげでした』（一九九七―二〇一八年、フジテレビ系列）、『チューボーですよ！』（一九九四―二〇一六年、TBS系列）である。

ホールデンが挙げた、「男性性」を表す三つの特徴――「シェフ」「プロの料理人」「経営者」――のすべてを陳建一は備えているが、第一の特徴である「シェフ」は、「司会」の役割に代わる場合が多々ある。確かに、上記の料理番組の司会はすべて男性である。そのうち、『チューボーですよ！』を、ホールデンの論を参考にしながら、見てみよう。

料理番組に複数の司会者がいる場合、たいてい、男性が覇権を握る。『チューボーですよ！』の司会者は堺正章。「巨匠」と呼ばれた。アシスタント役として、TBSの女性アナウンサーが何代か代替わりした（番組がリニューアルとなる二〇一三年十一月半ばまで）。彼女たちはエプロンに「初心者マーク」を張りつけていた。土曜日の夜十一時半からの三十分番組であった。

「巨匠」の役割は、ゲストと一緒に料理を作るだけでなく、ゲストから様々なエピソードを引き出し、番組を盛り上げることでもあった。堺は料理の腕が良いわけではないが、「巨匠」と呼ばれ、アシスタントに様々言いつける。時には、堺が話に夢中になっている間に、アシスタントは黙々と準備を進めておく。しかし、仕上げは必ず堺がやらなければならない。

試食後に、堺がアシスタントに、「星」の数を聞くよう指示する。アシスタントはゲストに向かって、「星いくついただけますでしょうか?」と聞く。ゲストが「無星」から「星三つ」までの間で判定を下すと、堺が独特の口調で、「いただきました、星三つ!」などと高らかに叫んで、番組は終了する。

ホールデンが指摘するように、堺が女性アナウンサーよりも中央の位置を占めていたのは、料理の腕が良いという理由のためではなかった。男性であるというのも理由のひとつだったかもしれないが、さすがにそれだけではない。堺の場合は、若い頃から歌手や俳優として活躍していて知名度があること、話術が巧みであることがより大きな理由であろう(知らない人がいるかもしれないので念のため解説しておくと、堺正章は、一九六〇年代にグループサウンズで一世を風靡《ふうび》したザ・スパイダースのヴォーカルであった。一九七〇年に解散したあとはソロ歌手として『さらば恋人』など数々のヒット曲を世に出した)。『チューボーですよ!』の場合は、一概に、男性性の原理が場を支配した、とは言い切れない部分もあるが、確かに、ホールデンが言う通り、料理番組の司会は圧倒的に男性である。また、料理番組でなくとも、あらゆる番組の司会が圧倒的に男性である。アメリカのように女性が自分の名前を冠した番組をもち、ひとりで司会してひとりで場を回していく、というのはめったに見られない(黒柳徹子の『徹子の部屋』や阿川佐和子の『サワコの朝』のように、一対一のトーク番組では女性司会者もいる)。これは、TV界だけではなく、日本社会全体で男女平等がアメリカほどには進んでいない、という単純な事実を指し示す事柄である。

それは大変大きな問題なのだが、ここで私が注目したいのは、日本において、食の世界がジェンダー化されているということである。家庭料理、それから、スイーツやお菓子は女性的なものとされる。場所の観点からすると、家庭という私的な領域は女性的な場所とされる。家庭で料理しない男性が多いにもかかわらず、プロの料理の世界は男性的な場所となる。

映画『ラーメンガール』における食のジェンダー化

『料理の鉄人』はアメリカでは *Iron Chef* という題名の英語吹き替え版で人気を博しただけで

なく、アメリカ独自のバージョンである*Iron Chef America*も「フードネットワーク」というチャンネルでつくられた（https://www.foodnetwork.com/shows/iron-chef-america）。一度見たことがあるが、和の鉄人の森本正治がアメリカ版でも登場しており、料理のジャンルにギリシャや地中海などがあって、日本版とは異なるカテゴリー分けがなされていた。

アメリカ人は『料理の鉄人』に見られる武士道精神に惹かれるようだ。男と男の真剣勝負。男たちはニコリともせず、仕事を進める。一品一品に注ぎ込まれる魂。テクニックを超えたところに垣間《かいま》見える精神性。

今まで考察してきたように、弁当には「母性」というイデオロギーが存在しており、肉じゃがは「おふくろの味」として記号化し、プロの料理の世界は男性としてジェンダー化される。バルトが考察したように、日本の食の世界はまさしく「表徴の帝国」である。食は食としてのシンプルな存在性を超えて、意味の過剰を産出するのである。

ある食べ物がジェンダー化されて、ある特定の意味を背負い込む、その様をラーメンに見てみよう。ハリウッド映画の『ラーメンガール』（ロバート・アラン・アッカーマン監督、二〇〇八年）は、日本の「ラーメン界」を外から観察した作品なので、日本独特な価値観がデフォルメされて描かれていて大変興味深い。

ブリタニー・マーフィ演ずるアビーは、恋人を追って日本にやってきたが、恋人からある日、「重い（"a lot of pressure"）」と言われる。彼が大阪に行ってしまい、悲しみに満ちた日々。ベランダから眺めていたラーメン屋で、ある日ラーメンを食べる。そのラーメンのおかげで元気が出た彼女は、修業させてくれと無理やりその店に入り込む。

"Teach me how to cook ramen"と言うアビーに対し、店主のマエズミ（西田敏行）は、まず、洗い物とトイレ掃除を命ずる。「清潔」を重んじる日本文化ならではである。「和式トイレ」に直接手を突っ込んで便器を磨く。「トイレには神様が宿る」という、おそらく、あらゆる場所に神を見出す神道に由来する考えゆえに、トイレは常にきれいにしておかなければならないと考える日本人は多い。特に、女の子はトイレをきれいにすると自分の顔もきれいになるんだよと、母や祖母に教えられる場合が多い。一見料理とは何の関係もない掃除を通して心を鍛錬することが、間接的に、ラーメン作りの「修業」をしていることになるのである。

"Teach"の意味が違うのだ。アビーは、何を何グラム入れて、何を何分煮る、という具体的なレシピを教えてほしいと言っていたのだが、その意味は通じていない。そもそも、マエズミは英語を一切理解しないし、アビーは日本語をまったく喋《しゃべ》れない。言葉が通じないというこの状況は、映画をコミカルにするという効果もあるのだが、ラーメンというものが、ロゴスを超えたところに存在するということの表象ともなっている。ラーメンの作り方はどのみち言葉では教えられないのだ。「勘」や「経験」、そして「心」が重要なのだ。

アビーは何とかラーメンを作れるようになった。しかし、マエズミは「魂がない」と言う。田舎に住むマエズミの母親に、アビーが作ったラーメンを試食してもらうと、母親はアビーに次のように言った。


味気ない。型だけにとらわれている。頭でっかちで雑音だらけ。心の奥にある静かな場所で料理するの。ラーメンはお客様への贈り物。あんたがお出しする食べ物がお客様の一部になる。目いっぱい純粋な愛情を込めなさい。


この言葉を理解しているとは思えないアビーであるが、涙を流す。すると、母親は、「その涙をスープに入れなさい」と言う。

アビーの作ったラーメンに「魂」が入ったのか、常連客達が試食すると、次々と悲しいことを思い出して、泣き始める。「俺は一生結婚できないのか」「猫が死んで悲しい」「主人は十五年間私に指一本触れない」などと言いながら。

マエズミには同じ師匠の下で修業したライバルがいる。彼は息子に店を継がせるために、師匠の「お墨付き」を得ようとしていた。他方、マエズミには跡取りがいない。息子はいるが、ラーメン屋を嫌ってパリでフランス料理の修業をしている。マエズミは時々息子の写真を見ては泣いている。

ラーメンは父から息子、師匠から弟子、男から男へと受け継がれるべきものなのである。男系による継承でなければならない。ライバルのラーメン店主は、マエズミが金髪の女性を連れて仕入れに来ているのを見て、彼の「敗北」を冷笑する。家父長制の確固たる構造のなかに、女性や西洋人が入り込む隙間はないのだ。

アビーのラーメンは「師匠の師匠」のお墨付きをもらうことはできなかったが、アビーは精一杯やった。アビーが作ったラーメンは「女神のラーメン」という名前。トマトやコーンが入っていて視覚的に美しい。アビーがマエズミに教えてくれたことは、人生を楽しむこと。クリスマスには店をきれいに飾りつけた。花束を持ってきてくれた常連の男性客には、ありがとうと言ってハグをした。客たちはアビーの明るい振る舞いに心が躍った。

アビーは、"I just wanted to create something for myself"と言う。マエズミはそれに対して、自分の息子も「自分」という言葉をよく使っていた、と言う。「自我」のアメリカである。アビーは自己表現としてラーメンを作る。マエズミも最後にはその考えを認めた。だから、アビーに、"You are my successor"と言った。そして、店のシンボルの提灯《ちょうちん》をプレゼントする。

その提灯を下げた店をアビーはニューヨークにオープンさせる。そこに、東京で出会った在日韓国人三世の恋人トシがやってくる。トシもまた、前の恋人と同じように、会社の命令で上海に行ってしまっていたのだ。

アメリカ人女性が東京で韓国人男性と恋に落ちる、というのもまた、ひとつの解釈が可能な出来事である。外国に行くと、現地の異性と出会って恋をする、というパターンが多いと思われるかもしれない。しかし意外と、アメリカに行ってトルコ人とつきあうとか、日本に来て中国人とつきあう、という場合が多々見受けられるのである。なぜかというと、旅行ならともかく、異国の地で現地人と同じように大学に行ったり仕事をしたりというのはかなりのストレスである。現地人はこちらが観光客ではないと判断したとたんに自分の価値観を押しつけてくる（というか、特に気を使わず自然にふるまう）。異国人は様々な状況で「どうして？」と悩むことになる。

ゆえに、行った先がアメリカならば、「どうしてアメリカ人て〜なの？」という大いなる違和感を同じ異国人と分かち合い、散々アメリカ人の悪口を言って、清々するのである（私自身の体験ではない。文学をやっている人間にとって、限られたボキャブラリーしかない相手と片言の英語を話すのは耐えられないので、アメリカではアメリカ人のボーイフレンドが最高だと私は個人的には思う）。

アビーとトシは異国性という面で結びついたのである。日本文化に対する違和感を共有する存在として力を合わせたのである。アビーは一年たっても日本語がまったくうまくならない。アビーに恋していた常連客の男性やそれ以外の日本人男性と恋に落ちることはなかった。このことが意味しているのは、この映画は、アメリカ人女性が日本という異国の地で異なる価値観に苦しみながらもそれを内在化していき、自分の可能性を広げる、という話ではないということだ。

デフォルメされた日本——トシの寝室に赤い着物がオブジェとして飾られていることにも表れている——の奇妙な価値観と奇妙な人々を、面白おかしく描くことが主眼だったのである。しかし、だからこそ、ラーメン店における家父長制的伝統の創生のあり方と一杯のラーメンを成り立たせる男性的原理とそこに込める魂とが、外部の目から、くっきりと浮かび上がってくるのである。

3章 「おにぎり」というイデオロギー

母の手料理こそ至高～『美味しんぼ』における鍋対決

『美味しんぼ』は原作・雁屋哲《かりやてつ》、作画・花咲アキラ、小学館の「週刊ビッグコミックスピリッツ」に一九八三年から連載されていた漫画である（二〇一四年事実上休載）。東西新聞記者・山岡士郎は同僚の栗田ゆう子とともに同社創立百周年記念事業の「究極のメニュー」作りに取り組むことになった。同じ時期、ライバル紙の帝都新聞は、美食倶楽部主宰で「百年に一度出るか出ないかの美食家」と称される海原雄山《かいばらゆうざん》を総指揮として「至高のメニュー」を企画する。

実は雄山と士郎は親子である。士郎は美食を追求する父親が母親に無理難題を押し付け、母親を追い詰め、死に追いやったと思っている。卓越した味覚と審美眼、食へのあくなき追求心をDNAとして父親から受け継ぎながら、父親のせいで母親が死んだと思い込み、いつか父を倒したいと復讐《ふくしゅう》心を燃やしつづける士郎。親子の和解を願っているゆう子は、士郎に対して、「本当は感じているはずです。お父様から譲り受けている、人より食べ物の味がわかり、美しい物を見る眼《め》があることを」と、進言するのだが、士郎は聞く耳をもたない。

二大新聞社のライバル企画は週刊「タイム」誌上で「究極」対「至高」の料理対決として報じられ、世間の注目を浴びる。各エピソードでは、様々な食材をモチーフとした趣向を凝らした料理が登場する。それとともに、雄山と士郎が今回はいよいよ和解するのではないか、という期待と、士郎とゆう子が今回は結ばれるのではないか、というもうひとつの期待も、興味深いヒューマンドラマを形成している。

漫画は短いエピソードの連続であるため、大きなストーリーが毎回のエピソードで顕著に立ち現れてくるわけではない。ここでは、テレビドラマ化された『美味しんぼ』のなかから、「おふくろの味」という概念が色濃く出現するものをとりあげ、息子の「母恋い」がいかに食べ物の記憶と結びついているかを論ずる。

二〇〇七年から二〇〇九年にかけてフジテレビ系列「土曜プレミアム」で三回にわたって放送された『新・美味しんぼ』では、TOKIOの松岡昌宏が士郎、優香がゆう子、松平健が雄山を演じた。『新・美味しんぼ』第一話は最後に「鍋対決」でクライマックスを迎えるが、その前にいくつかの食べ物を巡る事件を士郎たちが解決する形式をとる。

そのひとつに、お正月に新聞社に飛び込んできた、ブラジル育ちの日本人女性のエピソードがある。彼女は二十二年前、三歳のお正月の朝、お雑煮《ぞうに》を食べてから、きれいな着物を着て銀座のデパートのおもちゃ売り場に連れていってもらった。そこで母親が急にいなくなってしまった。彼女はその後、養子としてもらわれてブラジルに行った。母親の顔も自分の名前も覚えていない。

新聞広告を出すとふたりの女性が名乗りを上げてきた。ふたりともやむにやまれぬ事情で娘を捨ててしまったが、今では後悔していると言う。

どちらが本物の母親か、判断する材料が何もない。たまたまお雑煮大会の審査委員をしていた士郎とゆう子は、お雑煮の中味と味付けが地域によって大きく異なること、その家によって味つけが異なることから、ふたりの母親候補にお雑煮を作ってもらうことを提案する。

顔は覚えていなくても舌は覚えているだろう。両方とも澄まし汁仕立てで鰤《ぶり》が入っていて、見た目はまったく同じだが、一方はこんぶと鰹節《かつおぶし》で出汁をとったもの、他方は焼きあごで出汁をとったもの。焼きあごで出汁をとるのは、九州や能登の輪島あたりの風習であるという。

一口食べただけで娘はどちらが母親かすぐにわかった。幼い頃の母の味はそれほどまでに強烈だったのだ。「焼きあご」という特定の地方でしか使われないものであるからこそ、その味は他の食べ物の味と混じらずにいつまでも舌の上で生きていたのだろう。

母は顔によって記憶されていたのではなかった。母が作る料理の味によって記憶されていたのだ。

次に、「丿貫《へちかん》先生」が現れる。ホームレスたちに茶を点《た》て、「インスタント緑茶」みたいだと言われて大笑いするほどに「虚飾がない」茶人である。

鍋対決のためのアイデアを模索していた士郎たちは、丿貫先生の言動の数々からインスピレーションを得る。丿貫先生から「もてなしの心」を学んだと勘違いしてしまったのだ。そして、客をもてなす最上の方法として、「万人に喜ばれる究極の鍋料理」として「万鍋《よろず》」を考案する。それは、ありとあらゆる食材をありとあらゆる薬味を使って自分の好きな鍋に仕立て上げるというものだった。審査員たちは自分の好みに応じて鍋を作る作業に熱中する。

「至高」側が出してきたのは「至高の五大鍋」。すっぽん鍋、ふぐちり、アワビのしゃぶしゃぶ、松茸《まつたけ》と鱧《はも》の鍋、蟹《かに》鍋。これでもかというくらいに贅沢な鍋の連続であった。贅沢ではあるが、普通に考えつく鍋ではある。まさか材料費が高くつく高級な鍋をストレートに出してこようとは、誰も予想していなかった。

丿貫先生が最後に言う。「高価なものとは市場の原理。仏の目にはすべて同じ。海原さんには、これ以上ないおいしい鍋を食べさせたいという気持ちがあった。媚《こび》がない、裸の心だ。それが真のもてなしだ」。なるほど、とみんな納得する。

高価かどうかは、その食材そのものに内在する価値ではなく、取引の際に高価な値段で売買される、ということなのだ。自然界においてはすべて同等だ。「究極」側は「もてなしの心」を誤解し、こだわりにこだわって濁ったものを作ってしまった。

ストーリーのなかで士郎の脳裏に時折蘇る情景がある。亡き母親が作ってくれた湯豆腐だ。真っ白な豆腐が鍋の中で揺れる、シンプルな湯豆腐だ。手に入る最高のもので心を込めて作ってくれた。士郎にとってはどんな材料を入れたどんな鍋であっても、母の湯豆腐にはかなわない。

戦いが終わり、弟子が出す草履《ぞうり》を履き、雄山は車に乗り込もうとする。士郎が「次は負けないからな」と叫ぶと、彼は息子のほうを振り返って言った。「私の作品がまだ世の中に認められていない頃、お前の母親が湯豆腐を作ってくれた。私はあれ以上の鍋を食べたことがない。あれが私の至高の鍋だ」。偶然にも、息子にとっての温かい思い出は、父の思い出でもあったのだ。

父も子も、誰のどんなもてなしの料理よりも妻・母の手料理を恋しく思う。それはもう二度と味わうことのできないものだからこそ、一層切なく思い出される。

おにぎりに込められた母の愛～『美味しんぼ』におけるおにぎり対決

『新・美味しんぼ』第二話は、大阪の食文化、社内での夜食自慢大会、社員食堂のおむすび弁当プロジェクトなどの小さなトピックを入れながら、最終対決は「おむすび(29)」をテーマとする。

「究極」チームはおむすびと日本文化との深いかかわりを探り、四パターンのおむすびを提出した。塩むすび、海産物むすび一種（鮭《さけ》とウニ）、発酵食品むすび二種（納豆とお椀《わん》仕立て）、贅沢むすび二種（ナスと牛肉、ワサビの葉と茎をバラ寿司で巻き、さらに錦糸卵を外側に）。

「至高」チームはおむすびの過去、現在、未来を探るというテーマ。「過去むすび」は赤飯とひじきご飯のおむすび。「現在むすび」はパエリア風の炊き込みご飯を生ハムで巻いたものと鶏の唐揚げを具にしたもの。外国の影響で多様を極める現代日本の食文化を象徴するおむすびだ。「未来むすび」は未来への警鐘として煮ハマグリと松茸を具にしたもの。失ってはいけないものの代表である。祖先から受け継いだ食文化を未来に向かって伝えていきたいという気持ちを表した。

「究極」は水平方向に、「至高」は垂直方向に、おむすびを探求し、それぞれに主張をもったおむすび対決であった。甲乙つけがたい雰囲気がした。

これで終了という段になって士郎がもうひとつ用意していると言う。士郎の幼少時代もその一家の確執も知っており、今は雄山のもとで仲居として働いている千代が作ったおむすび、野沢菜の葉で包んだおむすびだ。あたたかくて優しい味。「これは俺のおふくろが握ってくれたおむすびだ。何の変哲もないおむすび。本当に良いものを足を棒にして探してくれた。おふくろの故郷のおむすび。野沢菜もおふくろが自分で漬けた。俺はおふくろが作ってくれたおむすびが好きでした。これは俺にとって究極のおむすびだ」。

士郎が語るエピソードを前にして誰も何も言えない。おむすびのおいしさや創意工夫はもはや問題ではない。おむすびに込められた母の愛。会場にいた審査員たちは自分の母と母が握ってくれたおむすびのことを心に思い浮かべたであろう。「母の愛」は圧倒的な力をもち、会場全体を感動させた。

この最後のおむすびが勝負の分かれ目となった。本来なら「至高」側が勝利するはずだったが、「あたたかさと優しさ」が感じられたという理由で、「究極」側がポイントを上げ、対戦は結局引き分けとなった。

次の日、意外な真実が明らかにされる。実は「至高」側が対戦で出したおむすびは「すべて子をもつ仲居に握らせたもの」だったということだ。子供を産んだことがあるかどうかで女性を区別するとは、女性に対する何という侮辱であろうか、と思わないことはないが、ここではそれはいったん置いておき、注目したいのは、食べ物のなかに存在する「精神性」である。子供を産むと、手のひらの組織が変化し、塩分を出すようになるとか、そんなことでもない限りは、それは目に見えないものだ。すなわち、ラーメン同様に、「魂」が入っているかどうかが問題のありかなのである。食べ物とは、単に食べ物なのではなく、表徴として機能し、そこには意味――「母の愛」――が充満しているのだ。

大学生へのおにぎりアンケート

私は東京郊外の私立T大学外国語学部に奉職する身である。専門は比較文学ではあるが、学生サービスの一環として、学生が大きな興味を寄せる通訳や翻訳も教えている。

十年ほど前には数年間、「超域社会論」という科目を教えた(他に担当者がいなかったので)。食における表象とジェンダーをテーマとして、喫茶店、寿司《すし》、マクドナルド、弁当、ラーメン、おにぎりなどについて教えた。学生たちにはフィールドワークを行わせ発表させた。

その際、超域社会論であるからには社会学的アプローチをやらねばと思い、おにぎりについて学生たちにアンケートをとってみた(素人のやり方ではあるが)。

【質問1】誰に握ってもらったおにぎりを一番おいしいと思うか。

一一三名中、九四名が「家族」と答えた。一〇名は「自分」、五名は「異性」、四名は「コンビニ」。

【質問2】おにぎりと聞いて思い出すことは何か。

五〇名が「イベント」、一九名が「母、家族、愛」、一八名が「文化的記憶」、七名が「スポーツ」。これは少数意見が多かった。「イベント」に含まれるのは、遠足、運動会、ピクニック、学校の行事、高尾山登山、旅行、校外学習である。「文化的記憶」というのは、できるだけ少数意見をまとめるために、私がつくったカテゴリーであるが、「おむすびころりん」が九名、「裸の大将」が七名、「一年生になったら」が一名、「昔の歌」が一名である。

【質問3】おにぎりの具は何が好きか。

マヨネーズ系三〇名（ツナマヨ一九名、エビマヨ五名、サーモンマヨ、明太チーズマヨ、シーチキンなど）、鮭二四名、梅干し一四名、明太子一四名、こんぶ七名、いくら六名、おかか六名、たらこ五名。その他少数意見は、高菜、みそ、ねぎとろ、赤飯、天むす、塩むすび、焼きおにぎり、チャーシュー、唐揚げ、焼き肉、鶏そぼろ、鶏五目、小魚の佃煮《つくだ》、など。

総括すれば、母や祖母（家族の具体例として多くあげられた）がイベントのときに握ってくれたおにぎりが好きと語る学生たちにとって、おにぎりは「おふくろの味」なのである。しかし、具はコンビニで売っているマヨネーズ系が好き、ということになる。

ところで、先ほど「超域社会論」という授業で「喫茶店、寿司、マクドナルド、弁当、ラーメン、おにぎりなどについて教えた」と述べたが、その授業内容の概略を説明しておこう。

「喫茶店」に関しては、まず、次のような歴史を何週間かにわたって講義した。日本で最初の喫茶店は、一八八八年に上野にオープンした「可否茶館《かひさかん》」であるといわれている。その後、一九一一年には銀座八丁目に「カフェー・プランタン」がオープン、永井荷風や谷崎潤一郎などが来店した。同じ年、銀座七丁目には「カフェー・パウリスタ」がオープン、こちらには芥川龍之介や菊池寛などが来店した。やはり同じ年、銀座四丁目には「カフェー・ライオン」がオープンした。これは現在の「銀座ライオン」である。他方、高級マスクメロンを売り出した「新宿高野」やあんぱんを考案した「中村屋」なども設立された。

明治末から昭和初期の「カフェ」には三つの方向性が存在していたといえる。第一に、西洋的でモダンな、インテリたちが議論を行うハイカラな場所。第二に、洋酒や洋食を楽しみ、女給がアテンドしてくれる場所。第三に、フルーツやパンを買ったり食べたりする場所。

第二のカフェは、バーやキャバレーという日本的コンセプトの場所に変貌していき、第三のカフェは、フルーツパーラーやパン屋として認知されるようになった。残る第一のカフェが、戦後「喫茶店」と呼ばれるようになるのだが、現在でも銀座で営業している「カフェー・パウリスタ」のような「純喫茶」としては、神保町の「さぼうる」（一九五五年開業）がある。それ以外には、渋谷の「名曲喫茶ライオン」（一九二六年開業）などの名曲喫茶や、新宿の「DUG」（一九六七年開業）などのジャズ喫茶という形態も存在する。

銀座ルノアールが一号店を日本橋にオープンさせたのは一九六四年、UCCが神戸三宮地下街にコーヒーショップをオープンさせたのは一九六五年であった。ドトールコーヒーショップ一号店は原宿に一九八〇年にオープンした。

一九九〇年代以降は、スターバックスやタリーズというアメリカのシアトル系コーヒーチェーンが進出し、これらのチェーン店が人気店となっていくのと呼応するかのように、二〇〇〇年代には再び「カフェ」という言葉が使われだした。現在では、それぞれ独自の特徴を備えた多様なカフェが存在している。

このような歴史を語る過程で、喫茶店文化が根強い愛知県にも言及した。名古屋発祥の喫茶店チェーン「珈琲所 コメダ珈琲店」は最近では全国に店舗を展開している。愛知県の一宮市は「モーニング」発祥の地として知られており、「モーニング」とひと言で言っても、「モーニング」を超えた、驚くような様々な「モーニング」が存在する。

私も授業のために、毎週末、「コメダ」やら「さぼうる」やら様々な喫茶店を訪れて、「シロノワール」や「ナポリタン」を食べまくった。学生たちにも喫茶店に行く頻度や目的や飲食するもの、などに関してアンケートをとったが、最近の学生の傾向なのか、T大の学生の特徴なのか、あまり喫茶店に行かないという（アンケートの意味がなかった）。「高い」とか、「男ひとりでは入りにくい」とか、そんな回答が多かった。だが今年（二〇二〇年）はコロナ禍のなか、近所のスターバックスはいつも満席で、大学生らしき人々がオンライン授業と思しきものに取り組んでいる姿が見受けられる。今年アンケートをとっていたら、まったく違う結果になっていただろう。

学期の後半には、学生たちにグループ発表させたのだが、喫茶店に何時間も粘って、そこに来る人々に「喫茶店に来る目的」や「利用する頻度」などをインタビューして集計するという、社会学的アプローチをとった。

その後私は喫茶店に関して論文を書いた（「ノスタルジアの喫茶店――ガロの『学生街の喫茶店』にみる青春小説の反復」、帝京大学『学修・研究支援センター論集』第9号〈二〇一八年三月〉）。この時には社会学的アプローチはとらなかった。高野悦子『二十歳の原点』（一九七一年)、柴田翔『されど　われらが日々――』(一九六四年)、村上春樹『ノルウェイの森』などの青春小説をコンテクストとして使うことによって、フォークグループのガロが歌った『学生街の喫茶店』(一九七二年)の歌詞がもつイメージと喫茶店が表象するものを分析する試みであった。

食べ物に関して一連の授業を行うにあたって、私の興味は「表象」にあった。喫茶店は、「青春」「学生時代」「恋」「失恋」のイメージとともに文学作品や歌に表れる傾向がある。そういうことを論証したかったのである。

喫茶店の話が長くなったので、あとは手短にまとめよう。「寿司」の授業においては、「スシ」のグローバル化の過程、アメリカにスシがもたらされ、ブームとなった理由、イギリスにおける回転寿司店の人気、「カリフォルニアロール」など世界各国の様々な「ロール」、日本人寿司職人の海外移住、などに関して語った。さらに、映画『銀幕版　スシ王子!〜ニューヨークへ行く〜』(二〇〇八年、堂本光一主演)において、寿司が武士道のメタファーを通じて「日本文化の真髄」として表象されていること、寿司は男性的な食べ物であることを指摘した。学生たちは、「アジアの寿司」「ヨーロッパの日本食レストラン」などに関して発表した。

マクドナルドに関しては、もっぱら、1章でも触れたジェームズ・ワトソン編の『マクドナルドはグローバルか——東アジアのファーストフード』をもとに論じた。北京、香港、台北、ソウル、日本に分かれてそれぞれの担当者がフィールドワークをした結果をまとめた本で、授業では北京と日本のみをとりあげた。北京のマクドナルド一号店は一九九二年に天安門広場近くの王府井にオープンした。常連客は、専門職に従事し高収入を得る「ヤッピー」たち、若いカップル、子供たち、の三種類に分けられた。インタビューのなかで、ある若い女性はビッグマックを食べるために二日間働かなければならないと言っていたが、北京の人々にとって、マクドナルドは高級で西洋的でロマンティックな、特別な場所であった、という考察がなされている。

日本に関する章においては、マクドナルドがなぜランチ市場にとって脅威とならなかったのかが考察されている。日本人はご飯を食べないとお腹いっぱいになった気がしないと思う傾向があるので、昼食には、弁当、定食、丼物を好む。ゆえに、ハンバーガーは「スナック」として認識される。日本人にとってマクドナルドは、北京におけるようにゆったりと上質な時を過ごす場所ではなく、急いで食べ物を頬張って出ていく場所であったのだ。

食べ物に意味が充満しているという観点で書かれたこの本はとても興味深かった。しかし、この調査と考察がなされたときと今とではかなり歴史的社会的事情が異なるので、学生たちはあまり賛同できないようであった。このトピックに関してはレポートを書かせたのだが、特に、中国人留学生は「全然違う！」と異論を唱えていた。学問とは、自分の私的な限られた経験以外に目を向ける契機となるべきものであるから、この私的な反応は個人的会話のレベルにとどまるものである。当時の北京の状況が歴史的にどのように変遷し、その変遷の経緯や理由を分析するべきなのではあるが、若い学生たちはそうはいかない。「中国はそんなじゃない！」と反論する気持ちはわからないでもなかった。

弁当に関しては、本書で議論した事柄以外に、「弁当男子」なる現象もとりあげた。新聞のデータベースを見ると、二〇〇九年二月の日本経済新聞で「弁当男子」という言葉が初出している。二〇〇八年のリーマンショックによって節約を余儀なくされた男性が増えたようだ。新聞記事を調べた結果、職場に弁当を持参する男性に対して女性はおおむね好印象をもつようだが、いざ結婚相手としてみたときには、たくましさに欠けるという否定的な反応を示すようだ。

弁当に関する学生のレポートには感動的なものもあった。年の離れた妹の運動会に母と一緒に海苔巻きや唐揚げを作る女子、一番おいしいと思うのはガールフレンドが作ってくれるおにぎりだという男子、お母さんが亡くなってからお父さんが毎日作ってくれた「茶色い」弁当（煮物やハンバーグだけで、彩りがない）が誇らしいという女子……。学生もそれぞれいろいろな人生を送っているのだ。

映画『かもめ食堂』とおにぎりの神話作用

第2部で、村上春樹の『ノルウェイの森』において、緑が、大学のフォークソング・クラブの集まりのために、男子たちから「二十個ずつの夜食用のおにぎり作って持ってくること」と命令されたというエピソードに言及するが、確かに、おにぎりは自分で握るより、誰かに握ってもらったほうがおいしい、という感覚はある（だから、男女平等の観点からすると、この場合、女子が一〇個、男子が一〇個握って交換すべきだった）。

私くらいの年齢になれば、誰かが私のために日常的におにぎりを握ってくれるということはないが、たまに、郷里の友人が、私が帰京するときに上越新幹線の中で食べるようにとおにぎり弁当を作ってくれたり、母方の北海道の親戚が、北海道新幹線の中で（私は北海道に行くときも飛行機よりも新幹線を好む）食べるようにと、稲荷《いなり》寿司を作ってくれたりする。涙が出るほどうれしい。必ず写真に撮っておく。

おにぎりに充満する表徴を、異国化された風景のなかで描くのは、映画『かもめ食堂』（荻上直子監督、二〇〇六年）である。『ラーメンガール』においては、日本という異国においてアメリカ人女性が見た異国の食べ物であるラーメンが描かれたが、『かもめ食堂』においては、フィンランドという異国で食堂を経営する日本人女性にとっての思い出の食べ物・

おにぎりが描かれている（ストーリーはおにぎりに終始するわけではないが）。どちらも異化された空間であるからこそ、馴染《なじ》み深い食べ物が表象するものが浮き彫りにされるのである。

サチエ（小林聡美）がヘルシンキで経営するかもめ食堂は開店したばかりだ。来店する客といえば、日本が大好きな男の子くらいだ。最初の客であるという理由で、コーヒーを永遠に無料で飲むことができる特権を得た。

そこに、ミドリ（片桐はいり）とマサコ（もたいまさこ）というふたりの日本人女性が加わる。ふたりとも訳ありのようだ。ミドリは、目をつむって世界地図を指さして当たったところがフィンランドであったという理由でやってきた。マサコは、介護していた両親が亡くなったということだが、とにかく、飛行機に預けた荷物が届かなくて困っている。

一見バラバラの人々とエピソードが重ねられていくが、それが全体としてメッセージ性をもったり、伏線となってあとで回収されたり、ということはない。日常の淡々とした風景を大きな盛り上がりもなく描く小津安二郎的手法である。

サチエは、店に客が来ないことを気にする風もない。特に宣伝しなかったが、たまたまやってきた客が常連客となって、店は徐々に活気づいていく。最初は、思いつきで焼いたシナモンロールの匂いにつられてやってきたフィンランドの三人のマダムたちだった。それから、豚肉の生姜焼き定食や鮭の塩焼き定食などを注文する客も出てきた。

かもめ食堂のメイン・メニューはおにぎりだ。ミドリが、フィンランド人の口に合うように、トナカイの肉、ニシン、ザリガニを中味に入れたらどうかと提案してきたので、作ってみたが、やっぱりおいしくない。

映画の最後に至って、サチエは、なぜかもめ食堂のメイン・メニューはおにぎりなのか、その理由を明らかにする。

母を早くに亡くして、家事は私に任されていた。一年に二度、遠足と運動会のときだけ、父がおにぎりを作ってくれた。おにぎりは自分で作るより、人に握ってもらったほうがおいしんだ、って言って。梅と鮭とおかか。大きくて不格好で。それでもとってもおいしかった。

いい話だ。おにぎりを握るには愛情が不可欠だという考えが表れている。素朴な料理であるから、スキルはそれほど必要とされない。だからこそ、そこに込められる愛情が重要となるのだ。

そういえば、最近は潔癖な学生が増えてきて、おにぎりアンケートでも、「家族以外の人が握ったおにぎりは気持ち悪くて食べることができない」と言っている学生がいた。近頃はそういう人が多いようだ。同じように手のひらを使う料理ではあるが、他人が握ったお寿司を食べることができないという人はいない。寿司はプロの料理であるのに対して、おにぎりは家庭料理であるから、感情的な部分に支配されるのである。

ロラン・バルトであれば、日本のおにぎりを見て、そのあまりに充満した意味作用に驚きを隠せないであろう。まさしく「神話化」された食べ物だ。バルトは日本のおにぎりを知らないので、『神話作用』（一九六七年）においては、フランスにおけるワインについて語っている。

ワインは「フランス国民によって、その三百六十種のチーズとその文化と同じ資格において、自己の固有の財産として感じられて」おり、「トーテム的飲料であり、オランダ牛の乳、英国王家によって儀式的に呑み下される茶」と同じであるそうだ。[30]

ワインは「意味するもの（シニフィアン）」、ワインによって「意味されるもの（シニフィエ）」は飲み物である。この言語体系を入れ子細工にして、神話においては、「意味するもの」と「意味されるもの」によって形成される意味表象は合わせて「意味するもの」となり、再び「意味表象（シニフィカシオン）」が出現する。神話は「示し、かつ通告し、理解させ、かつ強制する」[31]のである。その物に意味が込められて、その意味はその物の不可欠な構成要素となり、そうなると、その意味とその物とを切り離すことができなくなる、ということである。

ワインという「意味するもの」は飲み物を意味するが、この意味するものは、多くの意味表象の総体として存在する。ワインはフランス人にとって渇きを癒やす飲み物であるという単純な事実を超えて、集団的信仰の対象であるからだ。「ぶどう酒をたしなむ者には善き仲間入りの免状が授与される」。「呑み方を知っている、ということは、フランスを評価し、その能力、抑制力そして社会性を同時に証明するのに役立つ国民的技術である[32]」。この「超言語」の働きは「一社会内では、その社会の支配的イデオロギーの利益のために働く[33]」。ワインには意味が充満しているのだ。

かくして、あるフランス大統領がかつて自宅のテーブルの上のビール瓶とともに写った写真が公開されたとき、物議をかもすことになった。「それは独身の国王と同じぐらい耐えがたいことだった[34]」。大統領がワインではなくビールを飲むということは、フランスという国家に対する謀反となるほどに、フランスにおいてワインとはイデオロギーに満ちた特別な飲み物なのであった。

フランスにおけるワインは、英国における紅茶である。英国において、特に十九世紀半ばのヴィクトリア朝、インドを大英帝国に組み込んだ時期以降は、紅茶が国民飲料となり、実は自分は紅茶は嫌いなのだと告白する雰囲気はありえなかった。

英国ロマン派の散文家トマス・ド・クインシーの『阿片常用者の告白』（一八二二年）においても、阿片《あへん》によって生み出される幻想と精神的肉体的苦痛の最中で主人公が懐古するのは、「冬の炉辺にまつわる喜び」だ。「四時に灯す蝋燭《ろうそく》の明かり、暖い炉辺の敷物、お茶、茶を入れる美わしき女人、閉ざされた鎧戸《よろいど》、床にずっしりと豊かに垂れ下がる窓掛け(35)」。冬の英国の炉辺で家族とともに飲んだお茶の記憶は阿片でボロボロになったド・クインシーにとっての原風景であり、そこに戻ることができたら最上の幸せだと思えるのであった。

飲食物はその内に神話体系をはらむことがある。いったん「超言語」的作用が始まると、それを別の方向にもっていったり、削除したりするのはかなりむずかしい。歴史的偶然によって紅茶は英国の国民飲料となったが、ボストン茶会事件において大量の紅茶を海に投げ捨てたアメリカ人が、コーヒーではなく紅茶を愛飲するようになることは、何百年にもわたって幾つもの歴史的偶然が重ならない限りはまず無理であろう。

人間の嗜好《しこう》も神話作用も、自然化されると、それがイデオロギーとなって強制的に働きかけてくる。人はそんなことに気がつくことはなく、本質的に自然と昔からそうであったと思ってしまうのだ。

稲作農業に基盤をおく日本において、おにぎりが神話になり超言語的作用を発することは自然なことであった。「おむすびころりん」という昔話も生まれた。母親が子供のためににぎりを握ることが何代にもわたって繰り返されてきた。英国においてティー・パーティーが何代にもわたって繰り返されてきたのと同じように。神話を神話の座から引きずり下ろすことは容易ではない。

4章 「ちゃぶ台」というイデオロギー

ロマンティック・ラブの理想

ルイス・キャロルの『不思議の国のアリス』(一八六五年)において、アリスはウサギの穴に落ちて以来、体が小さくなったり大きくなったり、公爵夫人の赤ん坊をあやせば豚に変わるし、チェシャ猫はニヤニヤ笑いだけ残して消えるし、意味不明な出来事ばかりに遭遇し、当惑していた。

チェシャ猫が教えてくれたのはティー・パーティーへ続く道だ。ここにこそ懐かしい「家庭」があると思ったアリスである。ティー・テーブルは女性がとりしきる温かで家庭的な場所である。その想定に反して、三月ウサギはワインもないのに、「ワインはいかが?」と勧めてくる。イカレ帽子屋は「髪を切ったほうがいいよ」と余計なお世話。「無礼だわ」と憤るアリス。温かい「家庭性(“domesticity”)」への期待は見事に裏切られた。

エミリー・ブロンテの『嵐が丘』（一八四七年）の愛憎と復讐の物語は、ロックウッド氏が家主のヒースクリフのもとを訪れたことから解き放たれる。外は雪が降り荒《すさ》ぶ冬の荒野、暖炉《だんろ》とその前に座る美しい女性。お茶の時間だ。

しかしロックウッド氏は、その家の人々の冷淡さと罵り合いのなか、まったく心温まらないお茶の時間を過ごし、そのせいか、ヒースクリフの情熱の対象、二十年前に死んだキャサリンの亡霊を見てしまう。

暖炉とお茶と温かい家庭は、『不思議の国のアリス』と『嵐が丘』においても、『阿片常用者の告白』同様、記憶と期待のなかにあって、思い出されたり予期されたりするものであり、決して現在享受されている状況ではない。

イギリス・ヴィクトリア朝（ヴィクトリア女王在位一八三七―一九〇一年）における「家庭中心主義」――暖炉の前のティー・テーブルに集まる家族たちに象徴される――は一朝一夕に成立したわけではない。

ヘンリー八世（在位一五〇九―四七年）による英国国教会の成立、プロテスタンティズムの浸透、産業革命、女性の権利の拡充、出産率の低下とそれによる子供への愛着の増大、ヴィクトリア女王が夫に捧げた愛、彼女の長い在位、その他、様々な要因が歴史のなかで化学反応を起こしながら偶発的に誕生したものである。

しかしその根幹にはプロテスタンティズムにおける「キリストの真似《まね》びとしての愛("imitatio christi")」という考えがある。キリストは人間のために犠牲になってくれた。人間はその愛を真似て、お互いに無私の愛を注ぐべきだという考え方である。カトリックにおいて人は教会を通して神に向かうが、プロテスタントは聖書を通じて神と一対一の関係を結び、天上の愛をこの地上において、小さなスケールである夫婦愛という形で実現しようとするのである。

ジョン・ミルトンの『失楽園』(一六六七年)はプロテスタント文学の金字塔である。そこにおいて、アダムとイヴは楽園を追放されるとき、「エデンの園よりももっと幸せな楽園」を「お互いの腕の中」に見出そうと、「手に手をとって」エデンの東へと歩を進める。ふたりしかいない世界でふたりだけで愛を育む。その愛は何ものにも代えがたいものだという考えは、この叙事詩の随所に表れている。イヴが禁断の木の実を食べてしまったとき、アダムはすぐさま自分も同じ罪を引き受けることを決意する。「たとえ神がもう一人別なイーヴを造られ、わたしが/そのためにもう一本の肋骨《ろっこつ》を提供するとしても、お前を失った/痛手は絶対にわたしの心から消え去るまい」と言って(36)。

お互いがこの世において唯一無二の相手である、この人しかいないという気持ちは、歴史を通じて、人間のなかに常に存在していたものではない。いわゆる「ロマンティック・ラブ」という感情は、イギリスの歴史学者であるローレンス・ストーンが定義づけるには、「恋をして心の平衡が失われ、その結果、その人の美徳ばかりを執拗《しつよう》に考えてしまい、その人の欠点だと思われるものはまったく目に入らず、他のあらゆる選択肢や考慮すべき点などを完全に拒否し、特に財産などの世俗的な事柄は一切気にしない[37]」、そんな感情である。日本においてはひと昔前まで理想とされていた「家付き、カー付き、ババア抜き」または「三高（知らない人のために念のため解説すると、身長・学歴・年収が高いということ）」でなくても、盲目的に人を愛してしまって、とにかくその人と一緒になりたい、と思う気持ちである。

これは、人間が本来自然にもっている感情だと思われるかもしれない。しかし、ストーンはその感情が英国の歴史において勃興した時期を、一六四〇年から一八〇〇年にかけてだとする。

情愛を基盤として結婚するという考えは、娘や息子を政治的駆け引きの道具とみなした貴族社会においては存在しないものであった。翻って、日本の『源氏物語』の世界を考えてみても、源氏にとって正妻の葵の上、そしてのちの正妻の女三宮は、自分の立場を強固にするために政治的配慮によって選んだ女性であった。では、真実の愛は婚外に存在していたかと聞かれると、源氏が他の女性たちに向けた愛が「愛」という名にふさわしいものだったかどうか、疑問である。少なくとも、それは、アダムのイヴに対する愛とはまったく異なる種類のものであった。

源氏が契りを結んだ数々の女性たちは、愛というよりは性的関心の対象であった。まるでレイプのように暴力的に性的関係を結んでからは慈しみと庇護《ひご》の対象となったが、その愛情は、この人でなければダメ、という、2－1で述べる村上春樹的な「愛」とは質の違うものである。

念のために言っておくと、私は『源氏物語』における愛を蔑《さげす》んでいるわけではない。それどころか、私は『源氏物語』なしでは生きていけないほど『源氏物語』が好きである。実際、アメリカのP大学で書いた博士論文は、『源氏物語』と十六世紀英国の叙事詩『妖精の女王』の比較についてであった。(38) 異なる文化的歴史的状況下で生まれた作品は、異なる視点からアプローチする必要がある。西洋的ロマンティック・ラブの視点からすると「違う」ということである。

英国に話を戻すと、時代が進むにつれ、地域や血縁が家庭に対してもつ重要性が徐々に薄れていき、その代わりに男女の愛に基づいてつくられる家庭という単位が重要性を増していく。その過程において、プロテスタンティズムが果たした役割は大きいとストーンは論ずる。

神と一対一の関係を結ぶプロテスタンティズムは、教会を通じて神と邂逅《かいこう》するカトリックとは異なり、ひとりで聖書と向き合うことを尊ぶ。聖書を通じて神と向き合うという考え方は、個人のプライバシーという考えを発展させた。体をきれいに保ち、「自分の体と体液と匂い」を他の人のものと混じり合わせないことがエチケットであると認識された。それとともに、フォークとハンカチとナイトドレスが使用されるようになったのも偶然ではないという[39]（英国では、十七世紀前半頃までは食事に招かれると自分が持参したナイフで大皿に盛られた大きな肉の塊を切りとり、手づかみで食べていた）。

家には廊下が造られ、別の部屋を通らなければ自分の部屋に行けない、という状態はなくなった（ちなみに、ベルサイユ宮殿でマリー・アントワネットの部屋を見たことがあるが、廊下に沿って配置されている構造ではなく、部屋から部屋へと伝っていく構造だった）。

個人のプライバシーという新しい関心事とともに、「愛」が個人と個人との結びつきとして認識されるようになった。相変わらず妻が夫に服従することは当然のこととされてはいたが、妻また女性の財産保有権も様々な形で認められた（"pin money" と呼ばれた妻の小遣いが結婚契約書に明記されたこと、それ以外に独自の財産を保持する権利を許されたこと、長子相続制によって家屋敷は長男または定められた男子にすべて受け継がれたが、かえって、それ以外の子供に与えられるべき財産が明記されたことで、女性の財産相続も認められたこと、など[40]）。

土着の「家制度」と翻訳語の「ホーム」

ロマンティック・ラブに基盤をおいて形成される「家庭」が、英国と英国からの移民によって成立したアメリカの家庭であったのだが、この「家庭」という概念が明治期の日本に輸入されたのだ。「家庭」という言葉は「愛」という言葉同様に翻訳語であり、最初は「ホーム」と呼ばれた。この新しいアイデアが明治日本という新しい文脈のなかで、新しい解釈を授けられたのである。

鎖国を解除した明治日本は、世界システムに参入するにあたって、官民共同で国民国家の基礎単位としての近代家族の育成に従事したが、マスメディアがイデオロギー装置として果たした役割は大きい(41)。そこにおいて「ホーム」の理想が賞揚された。

巖本善治《いわもとよしはる》らによって創刊された『女学雑誌』(一八八五—一九〇四年)においては、「夫婦間の人格的平等と、家族構成員の『相思相愛』『和楽団欒《だんらん》』を重視する『ホーム』が、新しい家族の理想像として提唱」され、「伝統的な『家』が忍耐と隷従の支配する所として批判」された(42)。

一九一六年創刊の『婦人公論』と一九一七年創刊の『主婦之友』は、前者は女性を抑圧する男尊女卑の思想を批判し、後者は「良妻賢母」の理想を掲げ、相反するように見えるが、

「どちらも家父長的家族制度とは基本的に相容れない、恋愛にもとづく夫婦中心の核家族を肯定的に描いていた」[43]という点において、同じ方向を目指していた。

明治民法典の公布によって発足したのが家制度であったが、一八八〇年代の日本においては、「家制度」と「ホーム」というふたつの異なる考えが時を同じくして現れ出たのであった。「家制度」と「ホーム」は、一方は土着的で封建的で儒教的であり、他方は外国からの新しい輸入品であった。多くの点で真っ向から対立する思想であるように思われた。家制度の伝統に植えつけられた「ホーム」は大きな花を咲かせたのであろうか。

明治三十年代頃から軌道に乗りはじめた女子教育においては、「良妻賢母」が理想とされた[44]。それは、女性の役割を家のなかでの家事や育児に限定するものであり、支配的ジェンダー・イデオロギーとして日本のなかに浸透していく。

それとほとんど時を同じくして、第一次世界大戦を契機に資本主義が発展し、農村から都市へ多くの人口が流入し、彼らは俸給生活者となる。学力と努力によって成り上がることを運命づけられた新しい人種であった。彼らにとって、子供に残すべき財産とは、家柄や家屋敷ではなく、教育であった[45]。

現在、女性たちが結婚の条件として重要視するのは、年収と学歴でこそあれ、家柄と財産ではないと思うが、人類の長い歴史において家柄と財産は考慮すべき第一の条件であった。

再び『源氏物語』を例に出せば、源氏は、息子の夕霧の元服に際して、四位を授けることができるのに、わざわざ六位にとどめ、学問に励むようにと厳しい教育方針をとった。夕霧は、その叙位を表す「浅葱《あさぎ》（薄い緑色）」の衣を着て屈辱を味わうが、努力して異例の出世を遂げる。夕霧は例外だ。家柄があれば勉強などしない、というのが長い歴史のなかでの常識であった。三島由紀夫の『豊饒の海』の主人公・松枝清顕《まつがえきよあき》は華族であった。東京帝大に行くには成績が足りないので、無試験で進学できる京都帝大に行こうとしていた。

俸給生活者の家庭は職住分離であるので、父親不在の状態が生み出される。そこにおいては妻が家政と子育てのすべてを担い、家庭の主人になる。高等女学校の就学率が上がり、子供の出生率が下がったことも、[46]母親と子供を中心とした「ホーム」をつくることに貢献した。高等教育を受けた女性はその才覚を活《い》かして賢く家庭を采配し、少ない数の子供にそれだけ多くの手間をかけることができた。

「母性」という言葉は、一九〇〇年代の最初の十年間に翻訳語として登場した歴史の浅い言葉であるにもかかわらず、「愛」という言葉と結合して「母性愛」として日本社会に流布していくのが一九一〇―二〇年代である。[47]家庭教育の担い手は母とされ、父親たちは「子育ての表舞台から消えていく[48]」。

家制度という時間的概念と「ホーム」という空間的概念が結合したところに出現したの

は、母を中心とした、母性原理によって成り立つ「家庭」だったのである。

木村涼子は『主婦之友』の表紙絵の歴史を分析して、それが華やかで明るい「主婦イコン」を生み出すイデオロギー装置となっており、「華やかさ・優しさ・明るさ・なごやかさなど、近代的性分業において女性に求められるエートス(49)」の表現であったと論ずるが、農村においては家制度のなかで最下層の労働力として虐げられていた「嫁」の立場と比べると、家庭の太陽のような、都会の俸給生活者の妻は魅力的に見えたであろう。主婦こそが家庭の主人、すべてを司《つかさど》るオールラウンダーとなった。

映画『タンポポ』にみる母の「ちゃぶ台」

母性が家庭で輝きはじめる過程は、家が「女性の家」に変貌する過程でもあった。

西洋の家における一家団欒の場所——暖炉——は、日本では家族が囲む「ちゃぶ台」に変身した。銘々膳《めいめいぜん》を使用する、長幼の順に従って座る、家長が食べ始めるまで箸を上げてはいけない、食事の間は無駄口をたたかない——武家社会に端を発するこのような伝統は、一九一〇年代から使用されはじめた「ちゃぶ台(50)」によって、家族のメンバーが同等に語らう「一家団欒」に変化することが期待された(「ちゃぶ台」というと、丸いイメージであるが、必ずしも丸である必要はなく、四角くてもよい。比較的小さく、家族の食事用で、畳に座って使用するタイプのテーブルのことである)。

　そこを仕切るのは父ではなく母であった。食事を作り、ちゃぶ台に並べ、父と子のためにご飯と味噌汁をよそう。そういう場所であるから、必然的に、食事をとりしきる母が中心となる。

　映画『タンポポ』(伊丹十三監督、一九八五年)にそれを象徴する場面がある。『タンポポ』は、タンポポ(宮本信子)が亡き夫が残してくれたラーメン屋を、長距離トラック運転手のゴロー(山崎努)やガン(渡辺謙)やその他の人々の助けを借りて、立て直す話であるが、この主軸となるストーリーの合間合間に、オムニバス形式で食をテーマとするサブ・プロットが挿入される。

　そのひとつには、タンポポの息子がホームレスと一緒に夜の人気のないレストランに忍び込んでオムライスを作るという話もある。そのオムライスは、チキンライスの上に半熟オムレツをのっけて、ナイフで切り開くとそれがトロリとライスの上に広がる、というものだ。日本橋の老舗洋食店「たいめいけん」が開発したそうで、「タンポポオムライス」としてメニューに載っている。

　その他、マナー教室でスパゲッティ・ボンゴレの食べ方を学んでいる女性たち、フランス料理の注文の仕方がわからない会社の重役たち、ホテルの一室で生卵(の黄身)を口移しする男女、蕎麦屋でぜんざいの餅を喉に詰まらせる金持ちの老人、スーパーで食べ物を触りまくる老女など、いろいろな食の風景が描かれるのだが、そのなかで、「ちゃぶ台の神」としての母の姿を象徴するエピソードがある。

中年の男が顔色を変えて、古いアパートの我が家に帰ってくる。そこには、妻が布団に寝ていて、今にも死にそうだ。しかし、男が妻に向かって、「母ちゃん、飯を作れ！」と怒鳴ると、妻はすっくと起き上がって台所に行き、葱《ねぎ》を切りはじめる。夢遊病者のようでありながらも、フライパンを勢いよく動かしてチャーハンを作った。子供たちは茶碗《ちゃわん》と箸を用意してちゃぶ台に座って待っている。みんなでいつものように食べはじめる。それを見届けた母はその場に倒れ、臨終が告げられる。父親はそれでも、「お前ら、食え。母ちゃんが作ってくれた最後のチャーハンだ。あったかいうちに食え！」と言う。

母の体には家族のために食事を作る動作が染みついているのだ。妻が子供のためにおいしい食事を食べさせたいと思っていることを夫はよく知っているので、元気を出させるために、「飯を作れ！」と言ったのだ。そして、夫は子供たちと一緒に、子供たちのひとりであるかのように、ちゃぶ台で妻の手料理が出来上がるのを待つ。母・妻の最後の手料理を子供たちと夫は一生懸命食べる。

母・妻が亡くなることの一番のダメージが、食事を作ってくれる人がいなくなることであるかのようだ。母は食事を作る存在だからこそ、ちゃぶ台の中心に座る。ちゃぶ台に中心はないのだが、精神的な意味での中心となるのだ。

映画のエンドロールには、公園のベンチで若いお母さんがブラウスの胸をはだけて赤ちゃんにおっぱいを飲ませている姿が、軽やかな音楽をバックに延々と映し出される。人にとって最初のごちそうはおっぱいであることを思い出させてくれる、和やかで心休まる風景だ。

「ちゃぶ台」は、家制度における父に代わって、母という新しい主人が君臨する場所となり、そこでは食事が宗教となる。

『主婦之友』の創刊号で提案された家の設計図には、昔ながらの畳敷きの「茶の間」や「居間」とは別に、洋間の「書斎兼応接間」または「客間」とそれに付設した「書斎」があった。[51] しかし戦後になると、「ダイニング・キッチン」や「リビング・ダイニング・キッチン」が急速に普及し、客間や書斎は消滅していく。

子供の頃、友人の家に応接間があってそこにソファーが置いてあったのを、完全に和風の家に住んでいた私は、うらやましく感じた記憶があるが、今、東京で売り出されているマンションの間取りを見ても、客間や応接間があるのを見たことがない。

客間や書斎が消えたことは、家から夫のための空間がなくなったということだ。家は「女性化」されたのだ。(52) リビングルームは女性の空間である。そこで妻・母は日常生活を送り、食事を作り、家族に食べさせる。夫・父は朝と夜しかそこにはいない。そして妻・母の手料理を食べるために一時テーブルに座るが、大半の時間を会社で過ごす。自分の時間を過ごすための自分の空間としての書斎はない（ただし本稿を執筆中の二〇二〇年八月現在、新型コロナウイルス感染症が流行しており、会社は「テレワーク」を採用するようになった。家に夫または妻が仕事をするための空間をつくる動きになっており、再び家の間取りは変化しつつある）。

「ちゃぶ台返し」に象徴されるもの

ちゃぶ台はなぜかひっくり返される運命にある。漫画『巨人の星』（原作・梶原一騎《いっき》、作画・川崎のぼる、講談社『週刊少年マガジン』に一九六六―七一年連載）の星一徹《いってつ》は「ちゃぶ台をひっくり返す人」というイメージがある。

星一徹は巨人の名三塁手だったが、戦争で負傷した肩をごまかすために「魔送球（一塁に走る走者の前で急に曲がって一塁手の手に届く）」を編み出し、川上哲治《てつはる》監督から巨人を去れ、と言われた。彼は、自分が果たせなかった野球の夢を息子の飛雄馬《ひゅうま》に受け継がせようと執念を燃やし、野球の英才教育を施す。特訓方法のひとつが「悪魔のギプス（大リーグボール養成ギプス）」であった。服の下に常時ギプスをつけて筋力を増強させるのが目的であった。

ある朝、珍しく、一家は楽しく食卓を囲んでいた。飛雄馬も楽しさを装っているが、実は服の下にギプスを身につけていて、箸を動かすのにも力を使わなければならない。そこで、些細《ささい》なことから一徹が怒り、ちゃぶ台をひっくり返したのだ。

星家には「華やかさ・優しさ・明るさ・なごやかさ」を体現する主婦がいなかった。飛雄馬の姉の明子が主婦の代わりを果たしていたが、母が亡くなった星家にあるものは、貧乏、父の飲酒癖、姉の自己犠牲、飛雄馬の努力と根性であった。

星家と対照的に描かれているのが、キャッチャーの伴宙太《ばんちゆうた》の家とライバルの花形満《はながたみつる》の家である。伴は伴自動車工業の跡継ぎ、花形は花形モーターズの跡継ぎである。他方、飛雄馬は長屋住まいで、服は継ぎはぎだらけ。

実際、ちゃぶ台は頻繁にひっくり返されるわけではないが、アニメのエンドロールに挿入されているため、その印象が強いのである。星一徹の「ちゃぶ台返し」が表象するものは、「母性原理」を中心として成立した「家庭」のなかの歪《ゆが》みである。飛雄馬の人生は、滝のように落ちる汗と川のように流れる涙に満ちた、孤独な放浪としての人生である。彼の人生にちゃぶ台を囲む幸せは存在しない。星家には主婦がいない。男性原理によって成り立つ家だ。ちゃぶ台は優しい母がいないとバランスが崩れるのだ。

映画『自虐の詩』（堤幸彦監督、二〇〇七年）において、「ちゃぶ台返し」は、『巨人の星』

における人生の過酷さを知らせる合図としてではなく、意図的にひとつのギャグとして導入されている。

イサオはヤクザから足を洗ってからは定職につかずにブラブラしている。内縁の妻・幸江が定食屋で働いて家計を支えている。米櫃《こめびつ》の残り少ない米を炊いて、胡瓜《きゅうり》の漬物を切って、食事を始めようとしたとき、イサオが胡瓜の上に醤油を瓶ごとぶちまけてしまう。キレたイサオはちゃぶ台をひっくり返す。

別の日、幸江がイサオに「今度パチンコに連れてって」と言う。イサオは「パチンコは遊びじゃねえ」と言う。幸江は「でも仕事でもないわよね」と言う。それにキレたイサオはちゃぶ台をひっくり返す。

別の日、寿司の出前をイサオだけが食べていた。それが四〇〇〇円だと聞いて、ちゃぶ台をひっくり返す。

別の日、幸江はとんかつを用意してイサオを待つが、イサオが帰ってこない。怒った幸江はちゃぶ台をひっくり返す。

別の日、そばを食べようとしたイサオは割り箸をうまく割ることができない。キレたイサオはちゃぶ台をひっくり返そうとするが、ちゃぶ台が畳にくっつけられている。畳ごとひっくり返す。

幸江は母性的で豊かな愛とともにイサオを子供のように甘やかしているのであるが、イサオは自分が定職も見つけられず男として不甲斐《ふがい》ないということを十分承知している。幸江が毎日食事を作り、せっせとアイロンがけをしている、女性的空間であるそのボロアパートに帰ってくる権利があるのは、稼ぎ手としての夫である。妻＝母が采配する家庭を支えるのは、ほとんどの時間を外で過ごす稼ぎ手としての夫である。

『自虐の詩』においてちゃぶ台がひっくり返されるのは、そのバランスが崩壊していることの象徴だ。イサオは自分が保持できない父権制の発露《はつろ》としてちゃぶ台返しを行っているのだ。収入をもたらして家計を支えるという役割を果たすことができない自分を恥じて、収入の代わりに暴力を通じて、自分の男性性を見せつけようとしているのだ。『巨人の星』においては妻＝母が欠如し、父性原理がちゃぶ台を支配することで、ちゃぶ台はバランスを崩していたが、『自虐の詩』においては、本来母性原理を支える役割であるべき父性原理がうまく機能していないからちゃぶ台はひっくり返されるのだ。

理想とされるべきは、『サザエさん』のちゃぶ台であろうか。波平を支える良妻賢母のフネ。どういうわけか、長女のサザエは夫のマスオと一緒に実家に同居している。サザエの下には弟のカツオと妹のワカメがいる。サザエとマスオにはタラオという息子がいる。この家でちゃぶ台がひっくり返されないのは、波平とマスオが一日のほとんどを会社で過ごし、給料を持って帰り、家のなかはフネとサザエという母性原理で覆いつくされているからである。

しかし、よく考えてみると、サザエさんの家庭もイレギュラーだ。マスオは磯野家を継ぐために入り婿したのではないから、家制度の表現としてこの同居が存在するのではない。この家庭で母性が輝いているのは、大にかしずく古いタイプの妻であるフネに加えて、明朗闊《かっ》達《たつ》なサザエがいるからである。ふたりの女性が合わせて母性を形成しているから、波平の父権が弱められているのである。母性は完璧な形で存在しているわけではないのだ。

幻想の母

谷崎潤一郎の『吉野葛』において、語り手の友人津村は幼い頃に亡くなった母の顔を知らない。唯一記憶にあるのが、四つか五つのとき、「色の白い眼元のすずしい上品な」婦人が家の奥の間で検校《けんぎょう》と、琴と三味線を合わせて生田流「狐噲《こんかい》」という曲を弾いていた。その女性が母ではないかということである。母はそれよりも前に亡くなっているから祖母だと言われても、津村にはどうしてもあれが母だと思えてならない。

「狐噲」の節回しとも相俟って、「色とりどりな秋の小径《こみち》を森の古巣《ふるす》へ走っていく一匹《いっぴき》の白《びゃっ》狐《こ》」と「その跡を慕《した》うて追いかける童子《とうじ》」を自分の境遇と重ね合わせてしまう。「野越え山越え里打ち過ぎて」「あの山越えてこの山越えて」というセリフが少年の心を寂しさで打ち震えさせる。少年だった津村はこうして自分の母の物語を創り上げていたのであった。[53]

母の物語はしばしば懐古のなかで創りだされる。津村は鼓を見に行ったことから琴と三味線の記憶が蘇り、友人である語り手に「母の面影」について語った。「おふくろの味」が回顧の経路となる場合も多い。

しかし「肉じゃが」という「おふくろの味」は、歴史を通じて日本人にとって「おふくろの味」だったわけではない。『次郎物語』における「卵焼き」は母が子供のために作ったものではない。『津軽』において饗応《きようおう》される「棒鱈《ぼうだら》」も「鯛《たい》の刺身」も母の味ではない。

いったいどこに完璧な母と完璧な息子の物語があるのだろう。息子たちは不在の母を記憶のなかに呼び戻す行為を通じて完璧な母親像を創りだす。「母」とはその不在によってその存在を大きくし、記憶のなかでその母性を輝かせる。「母」とは日本の近代が構築した幻想の物語なのである。

「母性」を身につけた女性は家族の団欒を司る女神である。夫にも子供にもそのきらめく「母性」を降り注ぐ。夫は妻に甘える「大きな子供」になり、妻は夫を甘やかす「お母さん」になる。

息子は温かな母なる海に浸っていると、そこから出たいとは思わなくなる。母性が日本社会全体を覆いつくす原理となり、神話となり、「母性」に彩られた大きな物語を創りだす。その大きな物語は女性をも男性をも支配するイデオロギーとなる。男は母こそが自分が追い求めるべき理想の女性なのだと幻想する。

(1) Jordan Sand, *House and Home in Modern Japan: Architecture, Domestic Space and Bourgeois Culture 1880-1930* (Cambridge, MA and London; Harvard University Press, 2003) pp.22-24.
(2) Anne Allison, "Japanese Mothers and Obentōs: The Lunch-Box as Ideological State Apparatus," in *Food and Culture: A Reader*, 2nd ed., edited by Carole Counihan and Penny van Esterik (1997; New York and London: Routledge, 2007) p.227.
(3) Allison, p.228.
(4) Allison, p.229.
(5) Allison, p.230.
(6) Allison, p.233.
(7) ジェームズ・ワトソン編、前川啓治、竹内惠行、岡部曜子訳『マクドナルドはグローバルか――東アジアのファーストフード』(新曜社、二〇〇三年) 二〇八―二一四頁。
(8) 前掲書、二一一―二一二頁。
(9) 大貫は、Ronald P. Dore, *City Life in Japan* (Berkeley: University of California Press, 1958) p.60 を根拠にして、「パンがご飯にとって代わった」のは一九五一年であると言っている。
(10) ロラン・バルト著、宗左近訳『表徴の帝国』ちくま学芸文庫(筑摩書房、一九九六年)三五

—三六頁。

（11）前掲書、三九頁。

（12）前掲書、三九—四〇頁。

（13）前掲書、四一—四四頁。

（14）阿古真理『小林カツ代と栗原はるみ——料理研究家とその時代』新潮新書（新潮社、二〇一五年）七二頁。

（15）中原一歩『私が死んでもレシピは残る——小林カツ代伝』（文藝春秋、二〇一七年）二七頁。

（16）前掲書、四一—四四頁。

（17）前掲書、二八—三二頁。

（18）本名は小林健太郎。二〇〇八年からテレビ東京系列でＴＯＫＩＯの國分太一とともに『太一×ケンタロウ　男子ごはん』という番組にレギュラー出演。「料理はファッション」と宣言し、男も気軽に楽しく料理する気分を盛り立てたことの功績は大きい。二〇一二年オートバイ事故で高次脳機能障害を発症し、リハビリ中。

（19）二〇〇五年、くも膜下出血で倒れたカツ代はケンタロウの事故のことを知らされずに二〇一四年に多臓器不全で亡くなる。その何年か前には長年連れ添った夫と離婚していたそうだ。「母性」は完璧ではない。「母性」が神話となったとき、その「母性」も現実世界においては完璧ではありえないことを暴露した。

（20）T. J. M. Holden, "The Overcooked and Underdone: Masculinities in Japanese Food Programming," in *Food and Culture: A Reader*, 2nd ed., edited by Carole Counihan and Penny van Esterik (1997; New York and London: Routledge, 2007) pp.202-220.

（21）西川武臣、伊藤泉美『開国日本と横浜中華街』あじあブックス０４５（大修館書店、二〇〇二年）六六頁。

(22) 田中健之『横浜中華街　世界最強のチャイナタウン』中公新書ラクレ（中央公論新社、二〇〇九年）七五頁。
(23) 前掲書、八〇頁。
(24) 前掲書、八二頁。
(25) 前掲書、八三頁。
(26) 中原、八四―一二二頁。
(27) 阿古、九八頁。中原、一四〇頁。
(28) 中原、一四七頁。
(29) 「おむすび」という呼び名を使うか、「おにぎり」という呼び名を使うかは地方や個人によって違うようだ。ここでは、テレビドラマで使用されていた「おむすび」または「むすび」（雄山は「お」をつけない）という名称を使用するが、それ以外のところでは、「おにぎり」という名称を使用する。
(30) ロラン・バルト著、篠沢秀夫訳・解説『神話作用』（現代思潮社、一九六七年）六一頁。
(31) 前掲書、一五一頁。
(32) 前掲書、六三頁。
(33) 前掲書・解説、二二七頁。
(34) 前掲書、六四頁。
(35) トマス・ド・クインシー著、野島秀勝訳『阿片常用者の告白』岩波文庫（岩波書店、二〇〇七年）一三二頁。
(36) ジョン・ミルトン著、平井正穂訳『失楽園（下）』岩波文庫（岩波書店、一九八五年）一三五頁。
(37) Lawrence Stone, *The Family, Sex and Marriage in England 1500-1800* (1977; Penguin Books, 1990)

p.183. 筆者訳。この本の翻訳書は次を参照。ローレンス・ストーン著、北本正章訳『家族・性・結婚の社会史――1500―1800年のイギリス』（勁草書房、一九九一年）。

(38) 大野雅子『ノスタルジアとしての文学、イデオロギーとしての文化―『妖精の女王』と『源氏物語』、「ロマンス」と「物語」―』（英宝社、二〇〇六年）参照。

(39) Stone, p.171.

(40) Stone, p.167.

(41) 木村涼子『〈主婦〉の誕生――婦人雑誌と女性たちの近代』（吉川弘文館、二〇一〇年）二八〇頁。

(42) 岩堀容子「明治中期欧化主義思想にみる主婦理想像の形成――『女学雑誌』の生活思想について」、脇田晴子、S・B・ハンレー編『ジェンダーの日本史　下――主体と表現　仕事と生活』（東京大学出版会、一九九五年）四六五頁。

(43) 木村、七八頁。

(44) 岩堀、四六〇頁。

(45) 沢山美果子「子育てにおける男と女」、女性史総合研究会編『日本女性生活史　4　近代』（東京大学出版会、一九九〇年）一二九頁。

(46) 沢山、一三〇頁。

(47) 沢山、一三一頁。

(48) 沢山、一三九頁。

(49) 木村、二六〇頁。

(50) Sand, p.36.

(51) 西川祐子「住まいの変遷と『家庭』の成立」、『日本女性生活史　4　近代』三八―三九頁。

(52) 西川祐子「男の家、女の家、性別のない家」、『ジェンダーの日本史　下――主体と表現　仕事と生活』六二一―六二二頁。
(53) 谷崎潤一郎『吉野葛・盲目物語』新潮文庫(新潮社、二〇一六年)四二―四五頁。

第2部

村上春樹・東野圭吾における〝母なるもの〟

第2部への前文

「母性」とは、近代日本のイデオロギーである。

資本主義の発展に応じて、故郷を離れて都会に職場を求め、新しく核家族を形成した日本人にとって、子供の教育は非常に重要なものとなっている。どの大学を出たかによって社会でのポジションが決まるからだ。今では男が主夫をやるのもそれほど驚くことではない。コロナ禍においては、むしろ専業主夫をやりたいという男性も増えているそうだ。しかし最近まで、女性が家事をやるのは日本では当たり前のこととされていたから、子供の教育はもっぱら母の肩にのしかかる。

父親が家庭から消えるとき、そこでは母子密着が起こり、母の手料理を食べて育った子供は「おふくろの味」に対するノスタルジアを後年に至ってもずっと保持しつづけるのである。

こんなことを第1部では書いた。

では、「母性」は歴史的な現象であって、近代が生み出した幻想にすぎないのだろうか。

これに対する答えは、YESでもありNOでもある。

もし、日本人が超歴史的に、母性に対する強い愛着をもっているとしたら、それはなぜなのか。また、それをどのように証明したらよいのだろうか。

江藤淳が『成熟と喪失』（一九六七年）において、アメリカの母親は、息子が遠いフロンティアを目指して旅立つことができるように息子を「拒否」するが、日本の母親は、息子が自分とは違った存在になることに耐えられない、と指摘した[1]ように、放浪するカウボーイと農民との違いなのかもしれない。

父祖伝来の土地を守って定住する農民は、大地に対する強い執着をもつが、その執着は、家のなかにいる母親に対する愛情にも置き換えられる。

子の親に対する孝養《こうよう》を重んじる儒教の影響も当然あるであろう。または、森羅万象に神を見出《みいだ》す神道は、日本人のなかに、自然回帰の心性を形成したであろう。

〈母的なるもの〉は、実の母親とは限らない。第1部・序で言及した下村湖人《こじん》の『次郎物語』において愛着の対象は里親であった。太宰治にあっては、乳母であった。さらに、序章でも述べたように、〈母的なるもの〉とは、過去に存在していたものへの回帰願望でもあるから、広い意味では、故郷の大地も〈母的なるもの〉である。

このように、「母性」は歴史的であると同時に超歴史的であり、日本的であると同時に汎人類的でもある。近代日本の特有な歴史的状況において如実に現れ出て、イデオロギーとして我々を覆いつくしているのだが、その理由は、母にまつわる深い感情は、人間にとってごく自然なもので、何らかの歴史的契機があればその感情が強まるからである。考えてみれば、これは驚くにはあたらない。

江藤淳はアメリカのカウボーイをメタファーとして、アメリカ社会における個人の独立性について述べているが、同じアメリカでも、綿花を主要産業としていた南部においては、大地と家と家族に対する執着は非常に強いものがある。それが描かれているのが、マーガレット・ミッチェルの『風と共に去りぬ』（一九三六年）である。スカーレットがタラ農場を決して手放さないと誓ったことと、彼女が父と母を尊敬し、強い愛着をもっていたこととは、あざなえる縄のように絡み合っているのである。

第2部では村上春樹と東野圭吾における「母」を論ずるのだが、このふたりの作家において典型的に「日本の母」が現れ出るからではない。序章で述べたように、むしろ逆に母性や母が描き出されないからである。描かれないからこそ切実にその存在が感じられるのだ。

文字の背後に隠されているものが、近代日本のイデオロギーとしての「母性」であろうが、人類に普遍的な感情としての「母恋い」であろうが、それはどちらでもよい。主人公たちが決して口に出すことなく、心の奥深くにしまい込んだ、その深い感情に気がついたとき、読者は、このふたりの作家の新しい側面をみることになるであろう。

（1）江藤淳『成熟と喪失――〝母〟の崩壊』（講談社文芸文庫、一九九三年）八―一一頁。

2－1

失われた〝母性〟

～村上春樹作品をめぐって

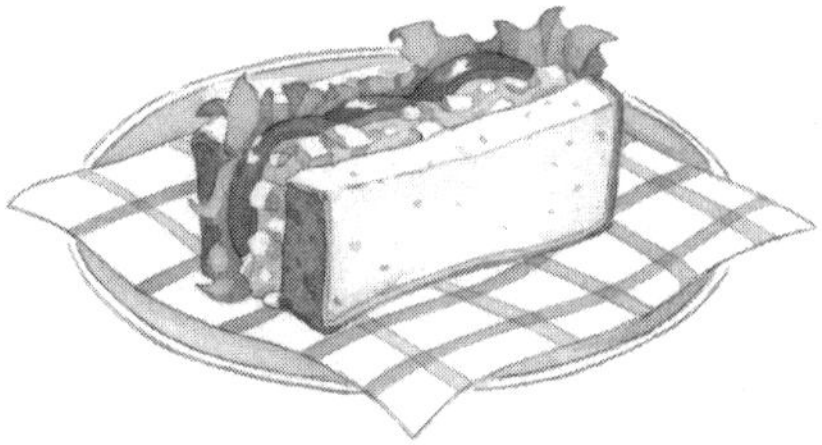

2-1・序

川端康成、大江健三郎に続いて日本人三人目のノーベル文学賞受賞なるかと期待される村上春樹は、いかにも日本的情緒を描くことで世界を魅了した川端や、四国の森のなかの谷間にフォークナーの南部を見た大江とは異なり、ポストモダンでグローバルでサブカルチャー的なカタカナに満ちた世界を描くことで「日本的」世界からの離反を表現しているように思える。

村上は特定の地域やその地域性が醸し出す独特な情緒とは無縁の、場所の歴史からも個人の歴史からも隔絶した透明な都会に生きる孤独な主人公たちの寂漠《せきばく》とした人生模様を描く。それは、大江が執拗《しつよう》に四国の森のなかの谷間に回帰し、川端が『雪国』(一九三七年)においては越後湯沢を、『古都』(一九六二年)においては京都を、『山の音』(一九五四年)においては鎌倉を、登場人物の人生という織物にとっての生地のような、または、人生という楽曲の通奏低音のようなものとして描いたのとは大きく異なるものだ。

一九八七年、『ノルウェイの森』が出版されたとき、私は東京の国立T大の大学院生であったが、同じ大学院生の元カレが、修士論文執筆の最中であるにもかかわらず「村上春樹が読みてえ〜！」と叫び、彼の友人も「俺も！」と相和し、ふたりで本屋に走っていった。私はそのとき、「意味がわからない」と思った。

私が村上春樹ご本人と出会ったのは、九〇年代に留学したアメリカのニュージャージー州にあるP大でであった。それ以前に一年間、村上は同じP大のアジア学科で日本文学を教えており、童話のように美しい風景のなか、川沿いをジョギングしている姿が見かけられたそうだ。私が会ったときはゲスト・スピーカーとして来ていて、村上氏と奥様、教授たちと院生たちとでランチを食べた（もっとも村上氏は私のことなど覚えていないでしょうが）。そのときも特に好きな作家ではなかった。

その後まもなくして、私の三十七歳の誕生日に、P大の友人から『国境の南、太陽の西』をプレゼントしてもらった。その十歳くらい年下の友人（私は私立T大で教鞭《きょうべん》をとりはじめて何年かしてから留学したので、院生としては皆より年上だった）はそのとき、「大野さんと同じ三十七歳の女性が出てくるから」と言い添えた。その言葉に、彼が本を読みながらヒロインの島本さんと私を重ね合わせてくれた、友情と同時に弟が姉を思うような気持ちが感じられて、弟のいない私はすごくうれしかった。それ以来、村上春樹を読むようになり、アメリカにいる間にすっかり大ファンになってしまった。

私がなぜ村上春樹を好きになったのか——その理由はよくわからないのだけれど（好きな理由を分析した結果がこの2－1である）、まずは、第1部とのつながりから始めて、村上春樹がなぜおにぎりや肉じゃがを「食べない」のか、分析してみよう。「おにぎり」とは〈失われたもの〉の象徴であるからだ、ということを論証するつもりだ。

続く論理の進め方は以下である。

村上春樹の小説の主人公は、ほぼことごとく親との縁が薄いが、その代わりにまだ成熟していない（胸の膨らみのない）妹的な存在が現れる。その〈妹的なるもの〉は〈恋人的なるもの〉かつ〈母的なるもの〉でもある。ゆえに村上の小説において、男女が結ばれて終わる場合でもそれは大団円とはならない。

一般的に、主人公たちが唯一無二の女性を追い求めるという西洋的な枠組みで恋愛が語られる傾向があるが、村上が二〇〇六年に翻訳を手がけたフィッツジェラルドの『グレート・ギャツビー』とは異なり、村上の女性像はつかみとるべき理想の象徴ではない。

女性は〈喪失されたもの〉であり、その喪失を村上春樹は愛惜する。〈喪失されたもの〉

とは「草の匂い」や「雨の音」「風の匂い」とともに想起される「心の震え」である。「心の震え」とは、心ときめく女性に対する憧れ、世界と自然との調和であるが、それは、大人になるときに失った〈母的なるもの〉との融合的一体感でもある。

村上春樹は〈喪失〉を様々な物語の枠組みを使って異なる形で何度も表現している。「おにぎり」同様、〈母的なるもの〉も一度失われて再発見されなければならないが、村上春樹においては〈喪失〉にとどまるのである。それが作品全体に哀愁を漂わせる。こうした点において村上春樹は〈日本的なるもの〉を表現した作家であり、だからこそ人々の胸を打つのである。

5章　ハルキ作品における「おにぎり」の不在

村上春樹はサンドイッチが好き

村上春樹はおにぎりや肉じゃがを食べない。正確にいえば、主人公たちにそういう日本的な食べ物を食べさせない。「握り飯」を夕食に食べる場面は一回だけ出てくる（『騎士団長殺し　第1部　顕れるイデア編（下）』一一頁）が、肉じゃがを食べる場面はない。それに比して、サンドイッチやスパゲッティをかなり頻繁に食べる。村上はドーナッツやビールやスパゲッティのようなカタカナの食べ物をよく登場させ、それらは作品のなかで「『有徴』の記号」、すなわち意味を担《にな》う記号として機能する。(1)

現代日本においては、アメリカの日本食レストランのメニューにあるような「天ぷらと刺身」とか「鶏の照り焼きととんかつと寿司《すし》」などが日常的に食されているわけではない。パンケーキやらアヒージョやらタッカルビやら、その時々で様々なカタカナの食べ物が流行する。だから、カタカナの食べ物がことさらしゃれているとか、その人の洗練された趣味を表すとか、そんなことはまったくない。カタカナの食べ物が小説の情景の一部として登場するのは驚くことではないのだが、村上作品における主人公がかなりしばしば、冷蔵庫にあるトマトやレタスやハムやチーズでチャチャッとサンドイッチを作ることは瞠目《どうもく》である。

去っていった妻または恋人を愛惜しながら孤独に生きる主人公が冒険に巻き込まれる、という共通したシチュエーションをもつ『ダンス・ダンス・ダンス』『ねじまき鳥クロニクル』『騎士団長殺し』においては、主人公がサンドイッチを作ったり買ったりする場面が頻出する。『ダンス・ダンス・ダンス』で、札幌のドルフィン・ホテルから付き添って東京まで一緒に帰ってきた十三歳のユキに電話で「今何しているの?」と聞かれたとき、「僕」は次のように答える。

そろそろ昼飯を作ろうかなと思ってたんだ。ぱりっとした調教済みのレタスとスモーク・サーモンと剃刀の刃のように薄く切って氷水でさらした玉葱とホースラディッシュ・マスタードを使ってサンドイッチを作る。紀ノ国屋のバター・フレンチがスモーク・サーモンのサンドイッチにはよくあうんだ。うまくいくと神戸のデリカテッセン・サンドイッチ・スタンドのスモーク・サーモン・サンドイッチに近い味

になる。（『ダンス・ダンス・ダンス（上）』三二七頁）

本格的なサンドイッチだ。その直後に高級娼婦《しょうふ》メイ殺人事件の参考人として警察に連れていかれるのであるが、釈放されたあとユキに電話し、朝からシュークリームしか食べていないという彼女に「ホール・ホイートのパンで作ったロースト・ビーフ・サンドイッチと、野菜サラダ」を食べさせ、自分も同じものを食べる（同、三七七頁）。北海道の空港でも「僕」はサンドイッチを食べた（同、二二八頁）。

そもそも彼が札幌に行ったのは、北海道の十二滝村の鼠の別荘から忽然《こつぜん》と姿を消したキキを捜すためであったが、何の手がかりももたない彼は、街をぶらついた帰りに、デパ地下で夜食用にロースト・ビーフのサンドイッチを買う（同、八七頁）。

次の日はルーム・サービスでサンドイッチを注文する（同、一三三頁）。ダンキン・ドーナッツには三回行き、コーヒーを飲みながらドーナッツを食べている。マクドナルドにも一回行く。

『ねじまき鳥クロニクル』の冒頭でスパゲティをゆでていた「僕」は、仕事から帰ってきた妻のクミコのために、「魚のバター焼きとサラダと味噌汁《みそしる》」を作った（『ねじまき鳥クロニクル　第1部　泥棒かささぎ編』四九頁）。別の夜には、クミコが帰宅したらすぐに牛肉と玉葱《たまねぎ》とピーマンともやしを中華鍋で炒められるよう、材料を準備していた（同、五五頁）。

次の日（または別の日）には、昼食のために「パンを切ってバターとマスタードを塗り、トマトのスライスとチーズ」をはさんでサンドイッチを作った（同、七〇頁）。

別の日にはハムのサンドイッチとゆで卵を食べ（同、一八二頁）、加納クレタを待つ。彼女が昼食を食べていないというので「サンドイッチを作るくらい何でもないから、遠慮しないでいいんですよ」と言うが、彼女が固辞するので、コーヒーと一緒にチョコレート・クッキーを出す（同、一八五頁）。

村上における母胎退行の場所ともいえる井戸、その暗闇のなか――夢と現実、過去と現在との境目をなくした時空の彷徨《ほうこう》から戻ってきたときも、「僕」は「冷蔵庫からポテト・サラダを出して食パンにはさんで食べた」（『ねじまき鳥クロニクル　第2部　予言する鳥編』二二二頁）。

蓋《ふた》でぴったりと塞《ふさ》いで「僕」を井戸に閉じ込めた笠原メイは、その二日前に「僕」の家に来て、「僕」と一緒にハムとレタスのサンドイッチを食べている（同、五一頁）。

『騎士団長殺し』では、雑木林の祠《ほこら》の裏の石塚の石を撤去する作業の日、「私」は「台所でハムとレタスとピックルスで簡単なサンドイッチを作り」、免色《めんしき》とふたりで「テラスに出て雨を眺めながらそれを食べた」（『騎士団長殺し　第1部　顕れるイデア編（上）』三一一頁）。

このように村上春樹の小説の主人公たちは、他の料理も作るのだが、とにかく、お腹《なか》が空くとありあわせのものでチャチャッとサンドイッチを作るのが特色だ。サンドイッチが日本人の食生活の一部となっている今日、やたらにサンドイッチを作る男が特に変なわけではないが、第1部の3章で論じたテレビ版『新・美味しんぼ』第二話の「おむすび対決」において、山岡士郎の亡き母が野沢菜のおむすびに込めた思いと、そのおむすびに対する士郎の郷愁の念を思うと、村上春樹におけるサンドイッチは別の国——イギリスないしはアメリカ——の話のようである。

村上春樹はなぜおにぎりを作らないのか。おにぎりこそ、冷蔵庫に何もないとき、ご飯さえあれば（具はなくとも）すぐに作ることのできる日本伝統の簡易携帯食である。コンビニでもおにぎりとサンドイッチは目立つところに並べて置かれている二大売れ筋商品である。『有徴』の記号」としてのカタカナの食べ物は、〈日本的なるもの〉を前提にしたときに際立つ〈非日本的なもの〉である。(2) その記号は、〈日本的なるもの〉の不在を背景にしたとき初めてその特殊な意味性を放つ。

村上春樹における食の場面に〈日本的なるもの〉が完全に不在なわけではない。先ほど引用した『ねじまき鳥クロニクル』では中華風の炒め物を作ろうとしていた。また、『騎士団長殺し』では、「私」はある晩、「ブリの粕《かす》漬けをオーヴンで焼き、漬け物を切り、キュウリとわかめの酢の物を作り、大根と油揚げの味噌汁（みそしる）をつくった」（『騎士団長殺し　第2部　遷ろうメタファー編（上）』五七頁）とある。

『海辺のカフカ』のカフカ少年はガッツリとした和食系を好む。高松に到着した彼は、お気に入りのうどん屋を見つけて何度か足を運ぶ。または、鮭《さけ》定食を食べる。『ダンス・ダンス・ダンス』の主人公とは異なり、「夜中におなかが減ったときのために」コンビニで買ったのは、「おにぎり2個」であった（『海辺のカフカ（上）』八八頁）。

それに対して、図書館の大島さんが、駅前の売店で買った「いちばん安い弁当」を食べているカフカ少年に、「食べたりないような顔をしているから」という理由ですすめてくれたのは、「柔らかい白いパンにスモーク・サーモンとクレソンとレタスがはさんである」サンドイッチであった（同、二一八―二一九頁）。

大島さんは、別の日に「ツナのスピナッチ・ラップ」というサンドイッチのおしゃれバージョンも食べており、そのうちの二本をカフカにくれる。「スピナッチ・ラップというのは、緑色のトルティーヤのような生地で、野菜とツナをはさんで、白いクリームソースをかけたものだ」という読者向けの説明つきだ（同、三八〇―三八一頁）。

青春は「感受性」と結びつく

好むということである。

〈日本的なるもの〉と〈非日本的なるもの〉とが共存する『海辺のカフカ』における食生活が我々に語ることは、少年はうどんや定食やおにぎりや弁当を好み、大人はサンドイッチを好むということである。

「大人」とは何か。それは、『ノルウェイの森』の言葉を借りれば、キズキの死によって「アドレセンスとでも呼ぶべき機能の一部が完全に永遠に損われてしまった」(『ノルウェイの森(上)』一六七頁)、そんな人間であると定義づけることもできよう。"adolescence"は日本語では普通「青春」と訳されることが多いが、英語の"adolescence"には、childhoodからadulthoodに至る道程にある、大人でも子供でもない、どっちつかずの、青くさくて混乱していて不安定な年代というネガティブなニュアンスがある。

村上が翻訳した *The Catcher in the Rye*(『ライ麦畑でつかまえて』)。ただし、村上の翻訳タイトルは『キャッチャー・イン・ザ・ライ』)が"adolescence"の小説といわれるのは、主人公が感ずる大人の社会での居心地の悪さとそれに対する彼の反逆心のゆえである。

英語の"adolescence"も日本語の「青春」も、「感受性」と結びつくのが共通点である。

前記の『ノルウェイの森』からの引用では「アドレセンス」はどのような意味で使われてい

るのだろうか。『ノルウェイの森』の文脈を考えると、青春時代特有の「感受性」、さらにいえば、「人生の希望に対する高感度の感受性」「希望を見いだす非凡な才能」「浪漫的心情」のことではないだろうか。

あとの三つの表現は、村上も翻訳した *The Great Gatsby* の冒頭部分において、ニックがギャツビーのことを懐かしく思い起こして使う表現である（『グレート・ギャツビー』七頁）。ただし、翻訳は野崎孝のものを用いた。村上の翻訳は所々フィットしない。正直に言わせてもらうと、村上よりずっと前に訳した野崎孝のほうがよい。正確だ。

村上は、「人生の希望に対する高感度の感受性」を、「人生のいくつかの約束に向けて、ぴったりと照準を合わせることのできるとぎすまされた感覚[3]」と訳しているが、これだと、「人生のいくつかの約束」が何なのか不明で、あたかも具体的な何かのように――あれとこれとそれ、みたいに――聞こえてしまう。ここは「人生の希望」がよい。ギャツビーは、圧倒的に不利な氏素性をものともせず、デイジーを希望の光として、その光に向かって飛翔《ひしょう》したのだ。真っ暗闇のなかに希望の光を見出す天才だったのだ。

大人になるということは、「失われた時間、死にあるいは去っていった人々、もう戻ることのない想い」（『ノルウェイの森（下）』八頁）――小説の冒頭で機上のワタナベの脳裏に突然押し寄せる想念――こういうものを人生の一部とし、喪失とともに人生を歩むことである。大人になると、「人生の希望に対する高感度の感受性」はもはや失われ、自分の周囲に見出すのは、希望の喪失と不在である。

ワタナベがキズキの死とともに失ったのは、青春の日々を明るく照らす希望の光、そしてそれを見出す力、であった。大人は喪失とともに生きる。

村上の小説のなかの大人たちが、うどんやおにぎりや肉じゃがを食べず、その代わりにサンドイッチやパスタやマカロニグラタンを食べるのは、前者の食べ物が日本人にとってより馴染《なじ》みのあるものであるからこそ、失われなければならないからだ。好きなものとの融合的一体感のなかで一生を過ごすと、キズキと直子のように一種の自家中毒を起こしてしまう。好きなもの、大切なものはあるとき距離をとって再び発見し直されなければならない。喪失を抱えなければ、その穴を埋めたいという願望も起こらない。

わかりやすい例を出せば、私はアメリカに四年間留学したが、ニュージャージー州のプリンストンという町には日本の食料品を売っている店がなく、車を持っている友人にごくたまにニューヨークのちょっと手前、ハドソン川沿いにあるヤオハン（現在はミツワ）というスーパーに連れていってもらっていた。そこで「再発見」した日本の「食パン」は白くてフワフワで、何とおいしかったことか。“eating bread”はそれ以来私のなかでは最高のごちそうになった。そういう経験がなければ、食パンなんて、何の工夫もなくて、メロンパンやカレーパンにはかなわないわ！と思っていたに違いない。

村上作品におけるサンドイッチをやたらに食べる主人公たちはおにぎりを喪失し、それを愛惜しているのである。彼らはまだ再発見していない。再発見したときは人生の大団円を迎えるときだ。

再び卑近な例ではあるが、新潟県の農村で育った私は子供の頃、畑でとれたナスやミョウガや、白菜や大根ばかり食べさせられていた。子供が好むハンバーグやスパゲッティなど作ってもらったことがなかった。だから、大人になって自分で自由に食べ物を選べるようになってからしばらくの間、田舎風野菜料理が大嫌いだった。

しかし、今、子供の頃食べさせられていたものが大好物になった。私は人生の終盤に至って、自分自身の人生と、そして世界と、和解したのだ、と思っている。第2部10章で言及する志賀直哉の『暗夜行路』（一九三七年）において、時任謙作《ときとうけんさく》が伯耆《ほうき》の大山《だいせん》で自然と融合することで、自分自身の人生と和解したように、私はナスやミョウガと和解した。

サンドイッチの対照項としての「おにぎり」

村上の作品群におにぎりがまったく登場しないわけではない。『ノルウェイの森』では、緑が、フォーク・ソング・クラブにおけるおにぎりを巡るエピソードを語っている。

ある日私たち夜中の政治集会に出ることになって、女の子たちはみんな一人二十個ずつの夜食用のおにぎり作って持ってくることって言われたの。（中略）でもまあいつも波風立てるのもどうかと思うから私何も言わずにちゃんとおにぎり二十個作っていったわよ。梅干し入れて海苔まいて。そうしたらあとでなんて言われたと思う？　小林のおにぎりは中に梅干ししか入ってなかった、おかずもついてなかったって言うのよ。他の女の子のは中に鮭やらタラコが入っていたし、玉子焼なんかがついていてたりしたんですって。

（『ノルウェイの森（下）』六八頁）

これと似たエピソードが私自身の大学時代にもある。東京郊外のT塾大学に通っていた私は、近くのH大学と合同のバドミントン・クラブに入った。

ちなみに、H大学は当時、専門部を国立市に、教養部をT塾大と同じ小平市に置いていた。H大のホームページを見ると、現在、小平市にあるキャンパスは「小平国際キャンパス」と呼ばれており、当時とは異なる機能をもっているようだ。

H大と合同のクラブに入部したのは、H大の学生たちのなかからボーイフレンドを見つけようと目論《もくろ》んでいたからではなく、とにかく、ほぼすべてのクラブがH大と合同だったのだから仕方ないのだ。

年に何回か都内の他の大学数校とトーナメント試合を行った。その際、女子部員はH大の男子部員の分もお弁当を作っていくという、いつの頃からか伝統となっていたらしい風習があった。

テーブルの上にまとめて広げてあるところに、H大の男子たちが自由にやってきて自由に食べる。誰がどれを作ったかわからないのだが、ある時、誰かが「この卵焼きに入ってるほうれん草、切ってないから食べにくい」と文句を言っていた。

私の卵焼きだ！　卵焼きにほうれん草を入れるという上級テクニックを発揮したのはいいのだが、初めての経験だったので、刻むことに思い至らず、そのまま入れてしまった。しかし、見ず知らずの男に卵焼きを食べさせたあげくに、なんで文句を言われないといけないのだろう、という疑問は残った。それ以来、H大は私にとって、男尊女卑と男根主義の象徴となった。

緑のエピソードは、まさしく家父長制度に対する怒りのエピソードである。女が料理して、男が食べる。男が決断して、女はそれに従う。

おにぎりの不在とそれに代わるサンドイッチの前景化は「『有徴』の記号」なのである。村上春樹自身が意図的におにぎりを排除しているかどうかはわからない。また、単にたまたまおにぎりよりはサンドイッチが好きなだけなのかもしれない。しかし、小説のなかのおにぎりの確固たる不在は、存在よりもより饒舌《じょうぜつ》に何らかの意味性をちらつかせるのである。

村上の小説においてサンドイッチは、〈不在の存在〉であるおにぎりと比較対照されたとき、孤独、自由、都会というイメージと結びつく。それに対しておにぎりは、サンドイッチとの対照のなかで、子供、家父長制、抑圧というイメージを喚起する。

これは、村上の小説の主人公たちが、奇妙に血縁や地縁から隔絶したところで孤独に生き、幼少時代をともに過ごした家族との関係に関しては、「両親とはもうほとんど連絡が途絶えていた」(『騎士団長殺し　第1部　顕れるイデア編（下）』二三三頁)とか、「母が死んで、そのあと父親が再婚して以来、僕は父親とは顔を合わせたこともなければ、手紙をやりとりしたこともなければ、電話で話したこともない」(『ねじまき鳥クロニクル　第2部　予言する鳥編』二四頁)というように、親も故郷もその人物をつくりあげるにあたってほとんど何の影響も与えなかったかのように、さらりとした言及のみで終わってしまうことと大いに関係がある。父親との確執を描いた『海辺のカフカ』や『1Q84』は言わずもがなであるが。

何かを排除する姿勢は、好きな人に対して無関心を装ったり、わざとその人の悪口を言ってみたり、その人の前に出るとまったく喋《しゃべ》れなくなったり逆に饒舌になったり、という態度と似ている。

本当はおにぎりが大好きで、おにぎりをあまりにも意識しているがために素直な態度をとれないのではないかと勘ぐってしまう。おにぎりが好きで好きでたまらないからこそ、わざと無視しているのではなかろうか。

おにぎりは家父長制によって抑圧されていた少年時代を思い起こさせるから嫌なのだ。おにぎりから離れて自由になりたい。私が新潟県の因習的な農村から離れ、ナスとミョウガから離れて自由を手にしたように。「私はナスとミョウガが大好き！　故郷の味だから！」と言えるようになるためには、人生と和解し、成熟を身につけないといけない。そのとき、ナスもミョウガもおにぎりも再発見されるのだ。

6章　ハルキ作品における「親・兄弟姉妹」

「鼠三部作」に流れる喪失感

「ホームへの違和感」④は村上文学の特徴である。デビュー作の『風の歌を聴け』は、海辺の街に帰省した主人公の大学生が「一夏中かけて」友人の鼠と「まるで何かに取り憑かれたように25メートル・プール一杯分ばかりのビール」（『風の歌を聴け』一五頁）を飲み干す物語である。

「海辺の街」はコスモポリタンな街である。ジェイズ・バーの経営者は中国人で、そこにはフランス人の水兵もやってくる。ラジオからはビーチ・ボーイズの「カリフォルニア・ガールズ」が流れる。左手の指が四本しかない女の子はＹＷＣＡでフランス語会話を習っている。「僕」の冷蔵庫にはカマンベール・チーズが入っている。そして、「僕のガール・フレンド」は「レタスとソーセージで簡単なサンドウィッチ」（同、一三二頁）を作る。その街は神戸のようではあるが、横浜や函館、または、ボストンやシアトルに置き換えたとしても、内容に大きな影響は及ぼさないであろう。

そもそも「僕」は「文章についての多くをデレク・ハートフィールドに学んだ」（同、九頁）と言明する「グローバル」な男である。日本語で書く人間が、なぜ、また、どのようにして、（架空の）アメリカ人作家に文章を学ぶのだろう、という疑問は生じる。村上春樹は、『風の歌を聴け』を執筆するにあたっては、最初に英語で書いてそれを翻訳する形で日本語にした、ということなので、英語的発想に関しては、アメリカ人作家に学ぶことはできるだろうが。しかし、ここにおいて注目すべきは、具体的なインスピレーションの源や模倣の対象がどこにあるかということよりは、日本文学の伝統的作家に師を求めない、そういうジェスチャーである。

コスモポリタンな海辺の街の一九七〇年の夏を描く『風の歌を聴け』において、実家に帰省している主人公は、左手の指が四本しかない女の子に向かって、自分は毎晩「親父の靴」を磨いているのだと語る。「家訓なんだよ。子供はすべからく父親の靴を磨くべしってね」（同、七八頁）。

『風の歌を聴け』は『1973年のピンボール』と『羊をめぐる冒険』と合わせて「鼠三部作」と呼ばれ、『風の歌を聴け』で大学生だった「僕」は、『1973年のピンボール』では大学を卒業し、東京で友人と翻訳事務所を開いている。他方、海辺の街にとどまっていた鼠は、女と別れ街を出る決意をする。

『羊をめぐる冒険』の冒頭部分において、「僕」は、「誰とでも寝る女の子」と一緒にICUのラウンジのテレビで三島由紀夫の割腹自殺のニュースを見た「一九七〇年十一月二十五日のあの奇妙な午後」を思い出すが、その歴史的過去の想起を合図とするかのように、物語は一九七八年七月、結婚してすでに離婚した「僕」に照準を合わせる。

「海のことはもう忘れよう」(『羊をめぐる冒険(上)』二八頁)。海辺の街の記憶を背後に押しやり、「僕」は東京から北海道へ、新しい物語世界へと旅立つ。そして、異形の羊を求めて最後に辿《たど》り着いたのは、鼠の父親が所有する北海道十二滝村の別荘であった。結局、旅の目的地は「『風の歌を聴け』の世界の一部」⑤に過ぎず、一九七〇年の青春のあの時に戻ったわけだ。しかし、鼠は死んでしまっていて二度と戻ってはこない。

大切なものの喪失と、それと一緒に失われた心を震えさせる何か、そういうものをそれと明言せずに、一見ポップな情景のなかに大したことではないかのように挿入することで、喪失感は地下水のようにテクストのなかを強く深く流れ、時折岩の裂け目から噴出し、再び地下に潜り込む。

『風の歌を聴け』と『1973年のピンボール』と『羊をめぐる冒険』が書かれなければな

らなかった、その動機となった喪失感とはいったい何だったのか。

ＢＧＭ程度の地縁・血縁

『風の歌を聴け』で何気なく言及される、大学の「テニス・コートの脇にあるみすぼらしい雑木林の中で首を吊って死んだ」「僕」が「寝た」三人目の女の子（『風の歌を聴け』七七頁）。彼女は『１９７３年のピンボール』において、生まれ故郷の駅のプラットフォームを散歩する犬の話をし、「僕」は四年後にその駅を訪れる。「見知らぬ土地の話を聞くのが病的に好きだった」という文章で始まるこの作品は、あたかも彼女――直子――のことなど、ほんの導入に過ぎないかのように、「これは『僕』の話であるとともに鼠と呼ばれる男の話でもある」（『１９７３年のピンボール』二六頁）という文章とともに、ピンボールの話へと移っていく。

直子は最後にピンボールとなって「僕」の前に現れる。直子とは言葉を交わすことができた。しかし鼠は何も言わずに去っていく。同時に「ピンボールの唸り」（同、一七六頁）も消えた。『羊をめぐる冒険』ではもはや直子のことは言及されない。

直子のことを書きたいのに書けず、代わりにピンボールのことを書く。鼠のことを書きたいのに書けず、代わりにピンボールに仮託した直子や右翼の大物に取り憑いた羊をめぐる冒険について書く。

鼠三部作の最後『羊をめぐる冒険』が、主人公が次々と予測不可能な冒険に巻き込まれる、という一見ポップな設定であるにもかかわらず、言いようのない喪失感と哀愁に覆われて終わるのは、単に主人公の羊探求の冒険が虚《むな》しい結果だったからではない。鼠三部作は、青春の恋と友情、恋人と友人が永遠に失われてしまったことを、悲しい！と号泣することなく、情緒として、抒情《じょじょう》として静かに描いているからなのである。

しかも、恋人や友人のロスを抱えた主人公を慰める親兄弟がいない。孤独が悲哀を高める。この章の冒頭で言及した「靴磨きを命じる父親」は、その後も息子を厳しくしつけているのだろうか？　これ以外に鼠三部作において家族についての言及はない。

村上春樹の作品においては、親や兄弟や姉妹などの血縁や故郷の地縁が物語を動かす動因となる、または主人公の煩悶《はんもん》をつくりだす、または主人公にとって心の慰めとなる、ということはない。

『色彩をもたない多崎つくると、彼の巡礼の年』において、つくるは高校時代の親友四人からある日突然、「もうお前とは顔を合わせたくないし、口をききたくもない」（『色彩をもたない多崎つくると、彼の巡礼の年』八頁）と告げられ、死の淵《ふち》をさまよった。母親が心配して名古屋から上京し、すっかり体つきが変わった（体重が激減したあと彼は運動をするようになり筋肉がついた）息子のために、「新しい服を一揃い買ってくれた」（同、五七頁）が、つくるは、「母や姉たちを相手にとくに語り合うべきこともなかったし、一緒にいて懐かしいとも思わなかった」（同、四〇五頁）。つくるは、村上の主人公たちがたいてい恵まれた環境にあるなかでも、特に恵まれていて、父親が不動産の経営をしており、つくるが東京で住んでいるマンションも父親の持ち物だ。しかし、「物心ついて以来、父親と親しく関わった記憶がつくるにはほとんどない」（同、六九頁）のであった。

親との縁が薄いことが、つくるの人生に落とした影に少なからず影響していると思うのだが、それが描かれることはない。あたかも両親や姉たちとの縁は、単なるバックグラウンド・ミュージック（BGM）程度のことであって、つくるの心や人生はぽつんと切り離されて宙に浮かんでいるかのようなのだ。

「家族の絆」を描いた東野圭吾

他方、第2部の2－2（以下、2－2）で論ずる東野圭吾にとって、親子の情愛はしばしば男女間の愛よりもはるかに大きな力をもつものである。2－2では、親子間の愛が明らかな形では表れない『白夜行』と『幻夜』において、それがいかに主人公たちにとって渇望の対象となり、隠れた形で様々な事件の裏に存在するか、ということを暴く（？）のであるが、もっと明らかな形で親子の絆《きずな》が作品の情緒を形成するのが、『祈りの幕が下りる時』である。

『卒業～雪月花殺人ゲーム』（一九八六年）に始まる加賀恭一郎シリーズで数々の難事件を解決する加賀がなぜ日本橋にこだわるのか、なぜ父親を憎むのか、という謎が遂に解明されるのが『祈りの幕が下りる時』であり、ここには、ふたつの家族の絆が描かれる。ひとつは、主人公の浅居博美と父親、もうひとつは、加賀と母親である。

ある殺人事件の捜査が進展するとともに博美が辿った過酷な人生の道のりが炙《あぶ》り出されるが、その過程で、人になりすまして生きざるをえなかった博美の父親と、二十年前に理由も言わずに家出して以来どこでどうやって暮らしているとも不明だった加賀の母親とが、人生の終わりで一時の愛を紡いでいたという偶然も露出する。

本当の名前を捨てて生きていた博美の父親にとっては、娘の「成長と成功を見守ることが唯一の生き甲斐」（『祈りの幕が下りる時』三八〇頁）であった。加賀の母親は、亡くなるとき、「一人息子のことだけを考えていたんじゃないか」（同、一八八頁）と想像される。

ふたりにとって人生における喪失は愛によって補塡されるのではない。男女間の愛は慰めとはなるが、心の深いところでは息子や娘が圧倒的に大事な存在なのである。

娘は娘で、父親からもらった愛が「至上の愛」であるからそれ以上何も求めないと言う。

その考えが明らかにされるのは、終盤で、もはや逃れることはできないと観念したとき、過去に堕胎したときのことを思い起こし、その決断は間違っていなかったと再確認するときである。

悩んだ末に出した結論が、生涯自分は家族愛を求めない、というものだった。それはすでに父親から至上のものを与えられている。この上さらに求めることは罪深く思われた。（同、四〇七頁）

村上春樹とは逆の構図である。村上において親子の愛が「至上の愛」になることはない。『国境の南、太陽の西』において、主人公の「父親は大手の証券会社に勤める会社員」「母親は普通の主婦」（『国境の南、太陽の西』五頁）であった。住んでいた町は、「見事に典型的な大都市郊外の中産階級的住宅地」で、「同級生たちは、みんな比較的小綺麗な一軒家に暮らしていた」（同、六頁）。三十歳のときに五歳年下の有紀子と結婚し、建設会社を営む彼女の父親の援助で青山にジャズ・バーを二軒開く。そして、青山に４ＬＤＫのマンションを購入し、ＢＭＷに乗り、箱根に別荘を所有するほどまで成功する。

儒教的因習的農村に育った私がここで疑問に思うのは、彼の両親はどうしたんだ、ということである。イズミのいとこの葬式の会葬御礼の葉書を転送してくる（同、一〇〇頁）くらいしか役割がないのか。一人っ子なのにまるで婿にとられたみたいでいいのか。リアルな世界だったら、親子間で相当な葛藤と確執が生まれたはずである。そもそも、簡単そうに、「中産階級」とか「一軒家」とかいうが、水上勉の『飢餓海峡《きがかいきょう》』（一九六三年）や松本清張の『砂の器』（一九六一年）はどうなるのだ？

地を這《は》いずり回るような貧乏地獄は村上の世界にはない。『飢餓海峡』において、父や弟を養うために娼婦となった杉戸八重や、『砂の器』において父の病と放浪の過去を隠すために戸籍を偽造し殺人まで犯した本浦秀夫は、村上の小説世界には現れない。

稗《ひえ》や粟《あわ》で空腹を満たす時代は終わり、スモーク・サーモン・サンドイッチの時代なのだ。もちろんスモーク・サーモン・サンドイッチを十分に享受している私は、村上が社会の周縁や底辺を描かないことを非社会的であるとかプチブル的であるとか言って非難しようとしているわけではない。

「家制度」の終焉で、「親が重荷」になるパラドックス

稗や粟の時代、または家父長制度が確固として存在していた時代、人にとっての悩みとは、空腹か家制度の桎梏《しっこく》であった。2－2で言及する志賀直哉の『暗夜行路』は、祖父と母

との間に生まれた不義の子である謙作が主人公であるが、父親が時折示す悪意に傷つきながらも、彼にとっては、家制度から離れてひとり孤独に生きるという選択肢はありえなかった。

資本主義の発展とともに、人は父祖伝来の土地を離れて、都会でホワイト・カラーとして生きることが可能になった。家や親と断絶して生きることも可能となった。空腹に悩む日本人は少なくなった。親兄弟を食べさせるために娼婦になったり、家を継ぐために好きな人を諦めたりしなければいけない人も稀《まれ》である。そうなると、逆説的に、親は重荷になるのだ。儒教的枠組みがないところで、親は、自然発生的で純粋な愛情をもって子供を愛する全《まった》き存在であるべきとされるからだ。親は神のような愛を子供に注ぐのが当然だとされるからだ。

『祈りの幕が下りる時』の浅居博美の父親が、自分の人生を犠牲にして娘を愛したのは、切実で危機的な状況にあったからである。もし彼が「大手の証券会社に勤める会社員」で「中産階級的住宅地」に一軒家をもつ男だったら（一連の殺人事件が起きなかったことはいうまでもなく）、父親としての欠点をさらけだし、娘に嫌われ、「お父さんなんて大っ嫌い！」と言われていたにちがいない。

先程述べたように、『ねじまき鳥クロニクル』の主人公は、母が死に父が再婚してからは父と音信不通のようだ。『海辺のカフカ』では、カフカの母親はカフカの姉だけを連れて、カフカが四歳のときに家を出た。彼はそれ以来父親とはうまくいっていない(『海辺のカフカ(上)』一七七―一七八頁)。姉はカフカが生まれる前にもらわれてきた養女であるにもかかわらず、母は姉を連れて出ていったのだ(同、一八三―一八四頁)。

『1Q84』の青豆は、小学校五年生のときに、新興宗教の信者だった両親のもとを離れ、母方の叔父のもとで暮らした(『1Q84 BOOK1 後編』二八頁)。青豆が生まれる前から、父は実家と絶縁しており、母方も同じ状況だ。父方の祖父の出身地の福島県には、青豆という姓をもった人々が何人かいるそうだが、彼女はそこに行ったことがない(『1Q84 BOOK1 前編』一三頁)。天吾の母は天吾が生まれてほどなくして病気で死んだ。兄弟はいない。父は男手ひとつで天吾を育てた(同、五三頁)。

父がどのような経緯で天吾の母と巡り合い結婚することになったのか、彼女はどのような女性であったのか、死因が何だったのか、様々なことが不明であった(同、二二一頁)。そのことが天吾を苦しめていた。最後に知ることになるのは、母は彼が二歳になる前に長野県の温泉で絞殺《こうさつ》されたということであった(『1Q84 BOOK3 後編』二二三頁)。

『騎士団長殺し』に関しては前述で、「両親とはもうほとんど連絡が途絶えていた」(『騎士団長殺し 第1部 顕れるイデア編(下)』二三三頁)という部分を引用したが、その遠因は、主人公の「私」が十五歳のときに三つ下の妹が亡くなったことである。その後、「いろんなことがうまくいかなくなっていった」。

父親の経営していた金属加工の会社が慢性的な営業不振に陥り、その対策に追われて、父親はあまり家に帰ってこなくなった。ぎすぎすした雰囲気が家庭内に生まれた。沈黙が重くなり、長く続くようになった。それは妹が生きていたときにはなかったものだった。そんな家庭からできるだけ離れたくて、私は絵を描くことにいっそう深くのめり込むようになった。

絵描きになりたいという「私」は父親と言い争い、母親のとりなしで美術大に進学することはできたが、「父親との関係は最後まで修復しなかった」（以上、『騎士団長殺し　第1部　顕れるイデア編（上）』二二七―二二八頁）。

『騎士団長殺し』では、その妹の代わりに、「死んだ妹の目をありありと思い出させ」（同、六〇頁）た妻の柚《ゆず》と出会う。妻が離婚を申し出て、「私」が小田原郊外の山の上の家に住むようになると、まりえという十三歳の女の子が現れる。村上春樹において、この妹的存在が非常に重要なのだ。これについては次の章で論ずる。

7章　ハルキ作品における「妹」たち

『ダンス・ダンス・ダンス』のユキがもたらす「雨の音」と「風の匂い」

『ダンス・ダンス・ダンス』のユキは、前述したように、ドルフィン・ホテルで遭遇した十三歳の女の子だ。「まだ胸だってろくに膨らんでない」（『ダンス・ダンス・ダンス（下）』一九〇頁）。彼女は千里眼によって、五反田君がキキを殺したこと、彼のマセラティが死体を運んだ車であることを見抜いた。「僕」は彼女に「どうしてそんなに親切なの？」と聞かれて、次のように答える。

たぶん君が僕に何かを思い出させるからだろうな。僕の中にずっと埋もれていた感情を思い起こさせるんだ。僕が十三か十四か十五の頃に抱いていた感情だよ。（中略）君と一緒にいると、時々そういう感情が戻ってくることがあるんだ。そしてずっと昔の雨の音やら、風の匂いをもう一度感じることができる。すぐそばに感じるんだよ。

(同、二三一頁)

いわば「青春のときめき」を「僕」の中に蘇《よみがえ》らせたユキが、勉強がしたくなったから家庭教師の先生を頼んだのだと言って、「僕」の車から降りて人混みの中に消えていったとき、「僕」はとても悲しい気持ちになる。「まるで失恋したみたいな気分だった」(同、三五五頁)。ユキは妹のような存在であると同時に恋人のような存在でもあったのだ。

しかし彼は札幌に戻ってドルフィン・ホテルの受付のユミヨシさんに会わなければならない。彼は彼女を激しく求めていた。ホテルの部屋のベッドで、夜中の三時過ぎにユミヨシさんに起こされた彼は、廊下に再び「濃厚で冷やかな闇」(同、三九三頁)が立ち込めているのを発見する。

羊男の部屋に行くと、羊男はいない。ユミヨシさんは一冊の本を手にする。それを読んでいたとき、彼女の体が「すっと壁に吸い込まれて」しまう。「こちらの世界」に留まるために、「僕」も壁に向かって踏み出す(同、四〇一—四〇三頁)。気がついたときふたりは現実世界のホテルのベッドの上だった。「ユミヨシさん、朝だ」(同、四〇八頁)という希望に満ちた言葉で小説は終わる。

村上の小説は意外とズブズブの悲劇で終わることが少ない。「意外と」というのは、村上作品の全体的な印象として「喪失感」が圧倒的であるからだ。キキや五反田君や片腕の詩人は死んでしまったが、ユミヨシさんと現実世界で再生することが予想される『ダンス・ダンス・ダンス』、直子は死んでしまったが、緑と「二人で最初から始めたい」と思う『ノルウェイの森』、「海に降る雨」のことを考えながらも妻と新しい生活を始めようとする『国境の南、太陽の西』、去っていった妻が自分のもとに戻ってくるのを待つ『ねじまき鳥クロニクル』、十一歳のときに一度だけ手を握った男女が月のふたつある世界で再会する『1Q84』、妻とよりを戻し彼女が生んだ子供を育てながら肖像画の仕事を再開する『騎士団長殺し』。

『羊をめぐる冒険』のように、すでに死んでいた鼠の亡霊が自分の「弱さ」を告白して再び去っていったとき、救いようのない喪失感が漂う、そういう終わり方はむしろ例外的なのだ。しかし、ハッピー・エンドに見えるものは本当にハッピー・エンドなのだろうか。『ダンス・ダンス・ダンス』の「僕」がユミヨシさんと最後に結ばれることは、ハッピー・エンドのように見えなくもない。しかし、ここに欠如しているのは、ユキに対して感じた「雨の音」と「風の匂い」なのである。村上の作品において繰り返し現れる「草の息吹」「雨の音」「風の匂い」――こういうものが欠如しているのだ。

ユミヨシさんと初めて会ったとき、「僕」は、三人いた受付の女性のうち、「いちばん綺麗」で「なにかしら僕の心をひきつけるものがあった」と思った。「まるでホテルのあるべき姿を具現化したホテルの精みたいだ」と思った（『ダンス・ダンス・ダンス（上）』六六頁）。

しかしここには、『ノルウェイの森』の冒頭で、三十七歳になったワタナベが、飛行機の中でビートルズの「ノルウェイの森」が流れたとき、十八年という歳月を経て、直子を想起したときの「あの草原の風景」がないのである。

何日かつづいたやわらかな雨に夏のあいだのほこりをすっかり洗い流された山肌は深く鮮かな青みをたたえ、十月の風はすすきの穂をあちこちで揺らせ、細長い雲が凍りつくような青い天頂にぴたりとはりついていた。空は高く、じっと見ていると目が痛くなるほどだった。風は草原をわたり、彼女の髪をかすかに揺らせて雑木林に抜けていった。

（『ノルウェイの森（上）』九頁）

村上春樹において、「心を震えさせる何か」は、「草の息吹」や「雨の音」や「風の匂い」などの自然の風景とともに感じられたり、想起されたりする。

『ノルウェイの森』において、ワタナベの心を震えさせたのは、直子であったが、同時に、永沢のガールフレンドでのちに自殺するハツミさんでもあった。ハツミさんはワタナベの心を震えさせた。彼は、その「感情の震え」とは何なのか、考えつづけていたが、ずっとあとになってようやく気がつくのであった。

僕はある画家をインタヴューするためにニュー・メキシコ州サンタ・フェの町に来ていて、夕方近所のピッツァ・ハウスに入ってビールを飲みピッツァをかじりながら奇蹟のように美しい夕陽を眺めていた。（中略）そんな圧倒的な夕暮の中で、僕は急にハツミさんのことを思いだした。そしてそのとき彼女がもたらした心の震えがいったい何であったかを理解した。それは充たされることのなかった、そしてこれからも永遠に充たされることのないであろう少年期の憧憬のようなものであったのだ。僕はそのような焼けつかんばかりの無垢な憧れをずっと昔、どこかに置き忘れてきてしまって、そんなものがかつて自分の中に存在したことすら長いあいだ思いださずにいたのだ。

（『ノルウェイの森（下）』一三一—一三二頁）

ハツミさんがワタナベの心にもたらした「感情の震え」とは、「少年期の憧憬」であり、それは言い換えれば、『ダンス・ダンス・ダンス』で、ユキが「僕」の心に呼び起こした

「僕の中にずっと埋もれていた感情」である。さらに言い換えれば、それは初恋である。実らなかった、遠くから見つめるだけだった、または、手を握ることくらいしかできなかった、そんな初恋。『ノルウェイの森』においてそれは美しい夕陽とともに想起され、『ダンス・ダンス・ダンス』においては「ずっと昔の雨の音やら、風の匂い」とともに感じられた。

私は、『ダンス・ダンス・ダンス』において、「僕」が実はロリコンでユキのことを本気でひとりの女性として好きだった、という論を展開しようとしているのではない。

人を好きになるとき、その人が高校の同級生だったような、または昔から知っているような、そんな感覚にとらわれるときがある。または、男子学生と接していて、高校の時こういう男子がいたら好きになっていただろう、と思うような場合がある。後者においては、まさか、決して、本当に男子学生を好きになることはないのだが、青春の息吹を感じさせてくれて、自分も一緒に若返った気分になれるような、そんな学生が三〇〇人にひとりくらいの割合でいる。

青春の息吹は私にとってはすでに失われたものである。しかし失われたからこそ懐かしむことができるのである。高校時代の真っ只中《ただなか》は、苦しいことばかりで、青春バンザイ！と叫ぶ気にはなれなかった。今、失われたからこそ、懐かしく思い出され、想起は、グラウンドの砂ぼこりや夏の草いきれや山に沈む夕陽や海の潮風や、そんな風景とともにやってくる。

村上作品において、「愛」はすでに失われたものとして想起の対象である。『ダンス・ダンス・ダンス』で、ユミヨシさんよりもユキのほうが重要な存在であるのは、彼女が「僕の中にずっと埋もれていた感情」「十三か十四か十五の頃に抱いていた感情」を思い起こさせるからなのである。それを何が何でも取り戻すために、若い女の子と無理やり関係を結ぼうとしているのではない。青春の草いきれを懐かしみ、その喪失を愛惜しているのだ。実際に結ばれる成熟した女性は他にいるのだが、その女性との現実の結びつきよりも、過去にあったかもしれない恋と、それに伴う心の震えのほうが大事なのである。

そういう意味で妹的な存在が重要なのだ。彼女たちは、主人公たちが過去に失い、失ったことすら忘れていたもの、青春の心のときめき、「少年期の憧憬」を象徴的に表す。『ノルウェイの森』においてワタナベがキズキの死とともに失った「アドレセンス」である。『グレート・ギャッツビー』の言葉を借りれば、「人生の希望に対する高感度の感受性」である。「妹たち」は、友人が極端に少なく、人を避けて生きているかのような主人公たちにどういうわけかなついて友達になりたがる。そして、主人公たちの窮地を救う重要なヘルパーとなるが、同時に恋人でもあるのである。

『ねじまき鳥クロニクル』におけるメイの女性性

『ねじまき鳥クロニクル』で、「僕」の家の近所に住む笠原メイは、つきあっていた男の子から、「お前なんかブスだし、ムネだって小さい」(『ねじまき鳥クロニクル　第2部　予言する鳥編』五三頁)と言われたそうだ。庭のデッキチェアでチョコレート色の水着を着ている彼女を見ると、確かにその胸はまだ小さくて、膨らみも薄かった(同、三四四頁)。

> 彼女は十六歳だったけれど、からだつきはまだ十三か十四くらいに見えた。乳房も腰も、まだきちんと成長しきってはいなかった。(同、三五四頁)

『ダンス・ダンス・ダンス』のユキが、五反田君がキキを殺したということを見抜いたように、メイは、涸《か》れた井戸の中に急に水が湧き出てきて「僕」が溺れそうになったとき、はるか遠く離れた工場の寮の部屋で、自分の裸を月の光に照らすことで彼を助けた。実際はシナモンが助けてくれたのだが、メイがメタフォリカルに助けたのだ。

「僕」は水かさが増しているとき、妻のクミコではなく、メイのことを考えた。「ねえ、ねじまき鳥さん」とメイがいつもの調子で呼びかけるのを想像して、彼女と架空の会話をした。その声がメイのもとに届いた。メイは、彼の声を「はっきりと耳もとで聞いた」（『ねじまき鳥クロニクル　第3部　鳥刺し男編』五六九頁）のだ。超能力的な力を発揮するところは、ユキと同じだ。それは青春特有の「感受性」の賜物《たまもの》である。メイが我知らず裸になったのは、「女性性」の力を発現するためだった。

首や肩や腕やおっぱいやおへそやアシや、それからおしりやあそこなんかを、まるでからだを洗うみたいに、ひとつひとつ静かに月の光にあててみたのね。

（同、五七〇頁）

「あそこ」にも月の光をあてるのは、胸と同様に女性性の場所であるからだ。胸が小さいことは未成熟であることの表れというよりは、むしろ来るべき成熟の予兆である。

何もかもが終わったとき、「僕」はメイのもとを訪れた。

林の中を並んで歩いているときに、笠原メイは右手の手袋を取り、僕のコートのポケットにつっこんだ。僕はクミコの仕種《しぐさ》を思いだした。彼女は冬に一緒に歩いているときによくそうしたものだった。寒い日にはひとつのポケットを共有するの

だ。僕はポケットの中で笠原メイの手を握った。　（同、五九七頁）

村上作品において男女が手を握ることとは、セックス同様の機能をもつ。もしくは、それ以上に大きな結びつきを示唆する。セックスがしばしば性欲の解消のためになされる（村上の作品においては）のに対し、手を握るというのは、ずっと昔の「雨の音」や「風の匂い」を呼び起こし、心を震えさせる行為である。

『1Q84』の天吾にとっては、十歳のとき青豆に手を握られたことで、彼の「内側にあった何か」が大きく変わった。そのあと彼は「父親についてNHKの集金についてまわることを拒否」し、「ほどなくはっきりした勃起《ぼっき》と精通を経験した」（『1Q84　BOOK2　後編』一五三頁）。

「胸の膨らみがまだもたらされていない」「やせっぽちの少女」（『1Q84　BOOK2　前編』一一〇頁）がなぜいつまでも心を去らないのか、と天吾は思っていた。その少女の姿は「彼の欲望の対象からいくぶん距離を置いたところに位置するものになっていった」。

しかし天吾は、小学校の教室で青豆に手を握られたときに感じたような激しい心の震えを、その後二度と経験することはなかった。大学時代も、大学を出てからも、今に至るまで巡り合った女たちの誰一人、その少女が残していったような鮮明な刻印を彼の心に押すことはなかった。彼女たちの中には、天吾が本当に求めているものはどうしても見出《みいだ》せなかった。
（以上、同、一一四―一一五頁）

胸が小さい少女と手を握る、というのは、非性的な行為であると同時に性的な行為である。青豆に手を握られたことで、天吾は「男」になったが、青豆は性的対象ではなくなる。しかし深いところで性的な存在なのだ。

同様に、メイは「僕」にとってまったく性的欲望の対象ではないのだが、妻のクミコと重ねられていることからも、性的存在であるともいえる。『ねじまき鳥クロニクル』では、前述の場面のあと、「さよなら、笠原メイ」と「僕」が呟《つぶや》き、「静かに束《つか》の間《ま》眠りに落ちた」（『ねじまき鳥クロニクル　第3部　鳥刺し男編』五九九―六〇〇頁）という文章で終わる。妻との復縁は暗示されてはいるが、それはこの作品における重要なテーマではない。『ねじまき鳥クロニクル』は、メイが、思春期特有の未熟であるがゆえに鋭敏な「女性性」という矛盾に満ちた力を発揮することによって、「僕」の窮地を救い、僕に青春のときめきを一時復活させてくれる物語なのである。

『1Q84』のふかえりの性と非性

『1Q84』に登場する「ふかえり」は、『空気さなぎ』という小説を書いた十七歳の少女だ。彼女がその小説を書くことで、「さきがけ」という宗教団体にとっての大きな秘密であった「リトル・ピープル」と「空気さなぎ」が世に出てしまった。そのことによって世界は大きく変わろうとしていた。彼女の身にも、また、その物語を小説の形に整えた天吾にも、危険が迫っていた。

天吾がふかえりに初めて会ったのは新宿の喫茶店であった。「彼女は胸のかたちがくっきりと出る薄い夏物のセーターに、細身のブルージーンズをはいていた」(『1Q84 BOOK1 後編』一一八頁)。天吾はふかえりと別れてからも彼女のきれいな胸の形を思い浮かべていたが、「あまりにも端整で美しいので、そこからは性的な意味すらほとんど失われてしまって」いた(同、一三三頁)。

二回目に会ったとき、ふかえりは天吾のアパートに泊まる。天吾は我知らず、ふかえりが洗濯機の中に脱ぎ捨てていったパジャマの匂いを嗅いでしまった。そのとき彼は自分がそこに「母親の匂いを求めていたのかもしれない」と思う(同、二八三―二八四頁)。年上のガールフレンドには「母親のイメージを求めることはない」し、「その身体の匂いに興味を持つ

こともない」(同、二八四頁) のだが。彼は、その日、ガールフレンドとセックスしていると
き、大きすぎる彼のパジャマを着て眠っていたふかえりの寝顔を思い浮かべて、激しく興奮
する(同、二八七頁)。

ふかえりもまた、〈非性的〉であると同時に性的でもあるという矛盾した存在なのだ。

『ダンス・ダンス・ダンス』のユキと、『ねじまき鳥クロニクル』のメイは胸が小さいのに
対し、『1Q84』のふかえりの胸は豊満だ。

リトル・ピープルが騒いでいる夜、天吾の部屋に泊まったふかえりは、「わたしをだい
て」と言う。気がついたとき、彼は裸になっており、ふかえりの「みごとに完全な半球を描
いて」(『1Q84 BOOK2 後編』四七頁) いる乳房が上にあった。彼女には陰毛がな
く、「本来陰毛があるべき場所には、つるりとしたむき出しの白い肌があるだけだった」。足
を開いていたので、その奥の性器は見えていて、「ついさっき作られたばかりのもののよう
に見えた」(同、四八頁)。

ユキやメイの未発達な胸に対して、ふかえりの胸は発達しているが、その代わり、未発達
なのは陰毛と「つるりとした」性器である。未発達な陰毛と性器が、小さい胸の代わりに
〈非性性〉の象徴となる。

天吾はふかえりと同じベッドで寝ていても「性欲というものをほとんど感じなかった」

（同、四一頁）が、同時にその強固な勃起は長く持続するという矛盾した状態にあった。できたての性器に彼の大きく硬いペニスが入るとは思えなかったが、気がついたとき、彼はふかえりの中に入っていた。

ふかえりと性交している間、「めをとじて」というふかえりの言葉に応じて目を閉じると、十歳の彼が小学校の教室にいた。青豆が彼の手を握る。彼女は足早に教室を出ていく。次の瞬間、天吾は射精していた。

「テンゴくん」と呼びなれない名前で呼ぶふかえりは、実はメタフォリカルに青豆であった。または、逆に、妹的存在であるがゆえに〈非性的〉であらねばならないふかえりが青豆を借りて天吾と性交したともいえる。そのとき青豆は実際に天吾と性交することなく妊娠する。

ふかえりもまた、ユキやメイ同様にその超能力的な力によって主人公に大きな助けを与えてくれる。天吾が青豆のことをずっと思っていたという話を聞くと、彼女は「そのひとはすぐちかくにいるかもしれない」（『1Q84 BOOK2 後編』一一九頁）と言うのだ。それからほどなくして青豆は天吾を発見する。彼は、マンションから道路をはさんだ向かいにある児童公園で、滑り台のてっぺんに腰を下ろして、二個の月を見ていた（同、二二三頁）。

『騎士団長殺し』のまりえと〈喪失〉をつくりだす免色

『騎士団長殺し』の主人公の妹は生まれつき心臓に問題があった。「だんだん胸が膨らみ始めているところだった」。「私」は「いつなんどきこの小さな妹を失ってしまうかもしれないという考えを胸の片隅に抱きながら」「少年時代を送ってきた」ような気がしていた（『騎士団長殺し　第1部　顕れるイデア編（上）』二一二頁）。

山の上の家の谷間を隔てた、向かい側の瀟洒《しょうしゃ》な邸宅に住む免色とその恋人との間に生まれた娘かもしれない秋川まりえは十三歳になっていた。不愛想なまりえではあったが、「私」にはすぐに打ちとけ、絵のモデルとしてスツールに座ると、「わたしの胸って小さいでしょう」と言う（『騎士団長殺し　第1部　顕れるイデア編（下）』三〇〇頁）。

彼女を描いたデッサン画を見ているうちに、「私」は、まりえと妹のコミとがひとつに混じり合うような感覚に襲われる。「その二人のほとんど同年齢の少女たちの魂は既にどこかで――たぶん私の入り込んでいけない奥深い場所で――響き合い、結びついてしまったようだった」（同、三一七頁）。

『騎士団長殺し』ではついに村上春樹の「小さい胸フェチ」が公言される。

私は昔からなぜか小振りな乳房を持った女性に心を惹《ひ》かれたし、そのような乳房を目にするたびに、それに手を触れるたびに、妹の胸の小さな膨らみを思い起こすことになった。（中略）私はおそらくある種の情景を求めているのだと思う。失われてもう二度と戻ることのない、限定された情景のようなものを。

（『騎士団長殺し　第1部　顕れるイデア編（上）』二二一頁）

ハルキニストたちは「やっぱり」と思う。前から気づいてはいましたよ、と。胸の小さい女性は村上にとっていとおしい女性なのだ。それは〈非性的〉であり未成熟の象徴であるがゆえに、「少年期の憧憬」を呼び起こし、心を震えさせるものである。ユキやメイと同様に、まりえは胸が小さい。妹のコミもそうだった。妹と妹的存在とが重なり合う。

「私」が妻を好きになったのは、胸が小さいからではない。彼女は「私が当時付き合っていたガールフレンドの高校時代の級友だった」し、「とくに際《きわ》だった顔立ちではなかった」（同、五四頁）。でも、「彼女は、死んだ妹のことを私に思い出させたのだ」。

彼女が私に妹を思い出させたのは、具体的な顔立ちが似ていたからではなく、その表情の動きが、とりわけ目の動きや輝きが与える印象が、不思議なくらいそっくりだったからだ。まるで魔法か何かによって、過去の時間が目の前に蘇《よみがえ》ってきたみたいに。

（以上、同、五五頁）

妹はまりえの姿を借りて姿を現すが、同時に妻のなかにも存在していた。まりえは毎週日曜日に叔母の笙子《しょうこ》の車に乗って「私」の家に来て、肖像画のモデルをやるのだが、その日はいったんおばさんと一緒に帰宅してから夕方再び「私」の家にこっそりひとりでやってきた。叔母と免色との親密な関係について相談しに来たのだ。免色の家のテラスに置かれた双眼鏡から自分の家がよく見えることにも勘づいていた。帰り道、まりえと雑木林の中を歩いていたとき、まりえが急に手を握ってきたが、子供の頃によく妹の手を握って歩いていたせいか、「私」にとっては、意外というよりは、「むしろ懐《なつ》かしい、日常的な感触だった」（『騎士団長殺し　第2部　遷ろうメタファー編（上）』二七一頁）。

先に論じたように、村上の作品において、手を握るというのは、生涯忘れられない記憶をつくりだすことにもなりうる行為である。『ダンス・ダンス・ダンス』において、メイと手をつないだとき、「僕」は妻とよく手をつないだときのことを思い出した。『1Q84』において、青豆に手を握られた天吾は、その後、青豆のことをずっと思いつづける。

胸が小さいこと、手をつなぐこと――このふたつは、村上作品に頻出する「少年期の憧憬」を示唆するモチーフであるが、この作品にはもうひとつの重要な村上的モチーフも現れる。「草原」である。『ノルウェイの森』において、直子を思い出そうとするときに、ワタナベの脳裏に最初に浮かぶ「あの草原の風景」(『ノルウェイの森(上)』九頁)だ。『騎士団長殺し』においては、妹が亡くなったとき、その身体が小さな棺《ひつぎ》に入れられたのを見て、「私」は思った。

その身体はもっと広々したところに寝かされているべきなのだ。たとえば草原の真ん中に。そして僕らは高く繁った緑の草をかき分けて、言葉もなく彼女に会いに行くべきなのだ。風が草をゆっくりそよがせ、そのまわりでは鳥たちや虫たちが、あるがままの声を上げているべきなのだ。

(『騎士団長殺し　第1部　顕れるイデア編(上)』二一四頁)

『ノルウェイの森』においてワタナベは、当時は、自分自身や隣を歩いている美しい女性のことばかり考えていて、風景になんか注意を払わなかったのに、思い出すときに最初に脳裏に浮かぶのが「草原の風景」であることを不思議に思う(『ノルウェイの森(上)』一〇頁)。

『騎士団長殺し』において、「私」と妹との思い出の旅は、山梨の風穴である。「草原」をふたりで歩いたという記述は出てこない。それにもかかわらず、想起するときは草原を思い出すのだ。「私」はそのあと、年上のガールフレンドと午後を過ごし、再び妹のことを考え、依頼されている免色の肖像画のことを考える。「私」は肖像画さえ今はもう描けなくなっていることに気がつき、「僕らは高く繁った緑の草をかき分けて、言葉もなく彼女に会いに行くべきなのだ」と「脈絡もなく」思うのであった（『騎士団長殺し　第1部　顕れるイデア編（上）』二三〇頁）。

失われてしまった大切な人直子も、失われた大切な妹コミも、草原の情景とともに想起され、失われていない元気なユキ（『ダンス・ダンス・ダンス』）は、失われてしまった「雨の音」や「風の匂い」を感じさせてくれる。自然の風景は、村上において、「大切」と「喪失」という概念を発動する徴《しるし》なのである。

徴としての自然の風景「雨」は、母のことをうまく思い出せないと言うまりえにとっても、ただひとつ母の記憶を呼び起こすものであった。母がスズメバチに刺されて突然死んでしまったのはまりえが六歳のときであったが、その時を境に、まりえの記憶は「ヘダてられて」いた（『騎士団長殺し　第2部　遷ろうメタファー編（上）』一九頁）。何も思い出せない。でも、母と一緒に歩いたときの「雨の匂い」だけは覚えていた。

そのとき、雨が降っていたの。雨粒が地面に当たる音が聞こえるくらいはげしい雨。でもお母さんは傘をささないで外を歩いていた。わたしも手をつないで、いっしょに雨の中を歩いていた。季節は夏だったと思う（後略）　（同、二〇頁）

「私」はまりえに、「そういう風景をひとつ自分の中に持っていられるというのは、素敵なことだよ」（同、二二頁）と言う。

「草原」同様に、「雨」も失われた大切なものの想起を発動する風景である。『国境の南、太陽の西』において、十二歳の頃、一度だけ手を握ったことのある島本さんは、三十七歳になって、十一月初めの月曜日の、「九時すぎから激しい雨」が降っていた夜、ハジメの経営するバーに「青い絹のワンピース」を着てやってきた（『国境の南、太陽の西』一一五―一一七頁）。どこからともなくやってきて、どこへともなく去っていった彼女が次に姿を現したのは「二月の初めの、やはり雨の降る夜」であった（同、一三八頁）。ハジメも、「不思議なことに、彼女はいつも静かな雨の降る夜にやってくるのだ」（同、二二八頁）と、雨と島本さんとの関連性を認識している。

結局島本さんは失われてしまう。または初めからすでに失われていたともいえる。このことに関しては次章で論ずるが、『騎士団長殺し』に話を戻せば、「雨」とともに想起される、まりえの母親は失われている。まりえにとっても、免色にとっても。「雨」は大切なものの喪失と回帰の徴なのだ。

しかし、不思議なのは、免色はまりえの母を失う必要はなかったということだ。免色が谷間の向かいの瀟洒な屋敷を破格の値段で購入したのは、ひとえに、双眼鏡を通して、自分の娘かもしれないまりえを毎日眺めるためであった。

本当の娘かどうかを知るのは、彼の力をもってすれば容易なことであろうが、そうするつもりはない。「秋川まりえが私の子供なのかどうか、それは重要なファクターではない」(『騎士団長殺し　第1部　顕れるイデア編（下）』二一四頁）からだ。「『秋川まりえは自分の実の娘かもしれない』という可能性を心に抱いたまま、これからの人生を生きていこうと私は考えています」（同、二二五頁）と彼は言う。

リアリスティックに考えると変だ。かつて愛し今は失われた恋人との間の娘かもしれないまりえを、そこまでいとおしく思うのなら、なぜその恋人を手離したのか。娘として抱きしめることができない哀《かな》しみを抱えて生きていくことを余儀なくさせるような、結婚できない事情とは何なのか、明らかにはされない。

屋敷の中の一部屋を、失った恋人の服を保存しておく部屋にするくらいに彼女の死を悲しんでいるのなら、彼女と結婚すればよかったのに。そうしていたら、彼女はスズメバチが生息する森林を所有する地主とは結婚しなかった。そうすれば、彼女がスズメバチに刺されることもなかっただろう。

結婚できない事情など初めから存在しなかったのだ。免色は喪失を哀しみ、かつ、楽しむために、わざわざ喪失をつくりだしたのである。まりえのDNA検査をして、実の娘だということが判明し、親子対面、ハッピーな家族となってめでたしめでたし、という筋書きはありえないのだ。そんなことをしたら、〈喪失〉が埋め合わされてしまって、〈喪失〉ではなくなってしまう。

免色と「私」は同じだ。自分自身と免色とが同じだということに「私」自身も気がつく。

> 私たちは自分たちが手にしているものではなく、またこれから手にしようとしているものでもなく、むしろ失ってきたもの、今は手にしていないものによって前に動かされているのだ。
>
> （同、二三五頁）

妹のコミはすでに失われている。妹的存在のまりえはまだ胸も膨らんでいない〈非性的〉な少女であるという点において、恋愛の対象ではない。『ダンス・ダンス・ダンス』で「僕の中にずっと埋もれていた感情」を呼び起こしたユキも、『ねじまき鳥クロニクル』においてポケットの中で手を握り合ったメイも、やはりまだ胸が膨らんでいない〈非性的〉な少女であるという点において恋愛の対象ではない。『1Q84』のふかえりは陰毛がまだ生えていないという点において〈非性的〉であり、やはり恋愛の対象とはならない。

妹的な存在は、昔の感情を思い出させてくれるという意味において〈喪失〉の徴であるが、手に入れることができないという意味においても、〈失われた存在〉なのである。彼女たちは、思春期特有の感受性を通じて主人公たちを助けてくれるという点において、現在に生きる女の子たちなのだが、手に入らない、という点においては、過去の存在でもある。『ノルウェイの森』において、草原の風景とともに想起される直子と、サンタ・フェの夕陽とともに想起されるハツミさん、そして、『国境の南、太陽の西』において、雨と共に現れる島本さんは、〈失われた存在〉であり、失われたからこそ切なく思い出される「少年期の憧憬」である。

同様に、〈妹的なるもの〉も「少年期の憧憬」である。彼女たちは主人公たちに少年の頃感じた切ない気持ちを思い出させる。それゆえに〈妹的なるもの〉は〈恋人的なるもの〉でもあるのだ。

8章　ハルキ作品における〈喪失〉への哀惜

『国境の南、太陽の西』の島本さんが運んできた「風」

『国境の南、太陽の西』において、雨と共に現れる島本さんは、すでにこの世から失われていて、ハジメに会うためにに時々異界からこの世を訪れているのかもしれない。(6) そう解釈しなければ辻褄《つじつま》が合わない点がいくつもある。

十月の初め、ハジメの箱根の別荘で、島本さんは「私は十二のときからもう、裸になってあなたと抱き合いたいと思っていたのよ」（『国境の南、太陽の西』二五〇頁）と言った。床の上で「優しく」そして「激しく」交わったあと、ハジメは「僕は君の何もかもを知りたい」と言った。「明日になったら、何もかも話してあげるわ」と島本さんは約束したが、朝になると彼女の姿はなかった。

彼女がハジメにプレゼントしてくれたナット・キング・コールの古いレコードもなくなっ

ていた。どこを捜してみてもそのレコードは見つからない（以上、同、二五九―二六二頁）。

子供の頃、そして、前の晩、一緒に聴いた「国境の南」が入っているレコードだ。

それに、不思議なのは、彼女がどうやってその別荘から帰ったのかがわからないということだった。箱根を多少なりとも知っている人ならわかるだろうが、箱根は駅伝でもやらないかぎりは普通歩く場所ではない。


表通りまではかなりの道のりがあったし、表通りに出てもそんな朝早くに箱根の山の中でバスやタクシーを見つけるのは至難のわざだったはずだ。それに彼女はハイヒールを履いていたのだ。（同、二六四頁）

不思議なことはまだあった。引き出しの中の十万円が入った封筒がなくなっていたのだ。それは、二十八歳の頃、渋谷で島本さんにそっくりな、脚を引きずっている女性を見かけて後をつけたときに、突然肘をつかんできた中年の男に渡された封筒だった。封筒が見失われるとともに、「封筒が存在するという事実に付随して存在していたはずの現実感も、同じように急速に失われていった」（同、二七九―二八〇頁）。

もうひとつの〈空白〉は、薬の袋である。石川県の川で「誰かを焼いた灰」を流した彼女は、帰り道で、死んでしまうんじゃないかと思われるほどに急に血の気がなくなるが、バッグの中にあった薬を飲ませると、少しずつ回復してきた。ハジメはその薬の袋を見た。

そこには何も書かれていなかった。薬の名前も、彼女の名前も、服用の指示も、なにひとつ書かれていなかった。

（同、一六八頁）

ハジメが思ったように、普通は間違えて服用しないように指示が書かれていなければならない。結局、何の薬なのか、何の病気なのか、わからなかった。

リアリスティックに考えると、島本さんが置かれている状況として想像されるのは、彼女は反社会的な集団か国家的秘密組織の親玉の妻か妾《めかけ》で、いつも見張られていて、自由になる時間が限られている、その親玉と別れることは大変難しい、赤ん坊が生まれて死んだけれどそのことを正妻か誰かに知られないよう、秘《ひそ》かに灰の始末をしなければならない、ということだろうか。もっとすごい想像力を働かせる読者もいるだろうが、私にはこんな状況しか思いつかない。

「あなたには私を全部取るか、それとも私を取らないか、そのどちらかしかないの」（同、二四七頁）と島本さんは言うが、反社会的集団から抜け出す以上、どんな追手がやってくるかもわからない。その覚悟はできているのか、と聞いているのだろうか。

そうだとしても、レコードや封筒や薬の袋の謎は説明できない。「身の上については喋りたくないの」（同、一二四頁）と言った彼女は、壮絶な人生を送ってきたのであろう。お母さんとは「十年ばかり前にいろいろと面倒なことがあって、それ以来ほとんど会っていないの」（同、一三一頁）と言うからには、反社会的集団の親玉の妾である以外にも家族にまつわる苦労があったようだ。

さらに、彼女にとってハジメは「生まれてこのかた、ただ一人の友だちだった」（同、一三四頁）そうだ。中学校に入ってハジメが別の町に引っ越していったあと、ずっと彼が来てくれるのを待っていた（同、一二六頁）。脚が悪くて普通の人が普通にできることができなかったので、本ばかり読んでいた。他人に心を開こうとしなかったので、大抵の人は彼女のことを「傲慢な女」（同、一二八頁）だと思った。それに綺麗すぎるから孤立してしまう。八方塞がりの人生だ。小学校の頃から、人に対して「公平で親切」で、嫌なことがあっても「いつも微笑みを浮かべて」（同、八―九頁）いた。おまけに、美人である。美点のせいでかえって生きにくい人生となってしまったのだ。人生とは不公平だ。自殺してもおかしくない。もしかしたら本当に自殺したのかもしれない。死んでしまったから、母親と十年も会っていないのだ。だから、再会したときに脚を引きずっていなかったのだ（同、一三五頁）。幽霊が脚を引きずるのはおかしい。幽霊には脚がないのだから。

島本さんが置かれているとても複雑で話しにくい状況は、『騎士団長殺し』の免色の結婚できない事情と同じく、もともと、存在していない可能性がある。免色が〈喪失〉を愛するために〈喪失〉をつくりだしたのと同様に、ハジメは「ずっと昔の心の震え」と「もはや成就することのない初恋」の一時の回帰をつくりだしたのだ。その〈喪失〉を懐かしむために。

島本さんと過ごした子供の頃の日々は、ハジメにとって、「思春期という混乱に満ちた切ない期間を通じて」彼を励まし癒しつづけてくれた「温かい記憶」(同、二五頁)であった。ハジメは彼女に手を握られたときの感触をはっきりと覚えていた。

僕はその十秒ほどのあいだ、自分が完璧な小さな鳥になったような気がした。僕は空を飛んで、風を感じることができた。空の高みから遠くの風景を見ることができた。あまりにも遠すぎて、そこに何があるのかまではっきりと見届けることはできなかった。でも僕はそれがそこにあるのだということを感じた。僕はいつかその場所に行くことになるだろう。その事実は僕の息を詰まらせ、胸を震わせた。

(同、二三頁)

島本さんはハジメにとって「胸を震わせる」存在であった。「少年期の憧憬」は人が大人になっても時折蘇ってくる。「風」を感じたときの感覚、その胸のときめきを自分が今でも覚えていることがうれしい。しかしそれは現在にそのまま再現できるものではない。「憧憬」は実らないからこそ美しい記憶として残っているのだ。

恋は実ってしまうと日常になる。ハジメは妻の有紀子に何の不満もなかったが、彼女との生活は日常であった。娘たちを幼稚園に送っていく。プールで泳ぐ。ワークアウトをする。店に行く。妻は脇腹の肉が落ちないことを嘆く。妻の父の投資の勧めを不快に思う。

有紀子に初めて会ったときハジメは「理不尽なくらいに激しく引かれた」(同、九二頁)。しかし、それは「少年期の憧憬」ではない。有紀子は、子供の頃手を握られてときめいた、あの感覚を与えてくれた人ではない。それゆえに、村上春樹においては、「心震わせる」人ではないのである。

『ノルウェイの森』における直子とインセスト・タブー

私が村上春樹の小説を好きな理由は、主人公または登場人物が、子供の頃に好きになった人を生涯ずっと思いつづけるからである。『国境の南、太陽の西』におけるハジメと島本さん、『1Q84』の天吾と青豆、『海辺のカフカ』における佐伯さん。

少年期に対するノスタルジアの感情は、〈妹的なるもの〉に対する優しい気持ちとしても表れる。『ダンス・ダンス・ダンス』のユキ、『ねじまき鳥クロニクル』のメイ、『1Q84』のふかえり、『騎士団長殺し』のまりえ。

〈妹的なるもの〉はずっと昔の「草原の風景」を思い出させてくれる。主人公たちが「妹」たちを決していやらしい目で見ないところがいい。彼らは「青春の息吹」を発しているのだろうか、彼女たちのほうから慕ってきて、彼女たちも主人公たちも、年の差を超えて、まるで同い年みたいに友達になる。

主人公たちは得てして平凡なわりにはけっこうモテて、女の子たちと簡単に「寝る」。それは批判の対象ともなろうが、「セックス・フレンド」（？）とは両性の合意のもと、割り切っているようだし、相手を傷つけてはいない（『国境の南、太陽の西』のハジメは高校時代のガールフレンドのイズミを、その従姉《いとこ》とのセックスにあまりにも夢中になってひどく傷つけた。それ以外にも、人間には、意図せずとも他の人を傷つけていることは多々あるとは思うが）。

いつも去っていくのは「（しばしば年上の）ガールフレンド」たちで、夫に見つかりそうだとか（『騎士団長殺し』）、組織と夫に見つかったとか（『1Q84』）、「もう会わないほうがいい」という絵葉書が届くとか（『ダンス・ダンス・ダンス』）、そんな感じである。

私が青豆だったら、十歳のときから自分を思いつづけてくれるのはとてもうれしく思うが、その人がそのためにずっと童貞だったら気持ち悪い。適度に遊んでいてよい。『国境の南、太陽の西』において、ハジメは島本さんを思いつづけた（その間にも様々なガールフレンドとつきあったし、結婚もしたが）。正確にいえば、島本さんの喪失と彼女がかつてもたらしてくれた「心の震え」を懐かしみつづけた。『ノルウェイの森』におけるワタナベも、高校時代の親友のガールフレンドだった直子を誠実に愛した（永沢さんのガールハントにつきあって不特定多数の女の子と寝たりはするが）。直子もやはり〈すでに失われた人〉であった。その〈喪失〉は『1973年のピンボール』においてすでに哀悼されていた。直子の住んでいた町の駅を訪ねた帰り、電車の中で「僕」は自分に言い聞かせていた。

全ては終っちまったんだ、もう忘れろ、と。そのためにここまで来たんじゃないか、と。でも忘れることなんてできなかった。直子を愛していたことも。そして彼女がもう死んでしまったことも。結局のところ何ひとつ終ってはいなかったからだ。

（『1973年のピンボール』二四頁）

『ノルウェイの森』の冒頭でワタナベは突如として押し寄せてきた記憶の波に身を任せながら、思い出していた。

もっと昔、僕がまだ若く、その記憶がずっと鮮明だったころ、僕は直子について書いてみようと試みたことが何度かある。でもそのときは一行たりとも書くことができなかった。

（『ノルウェイの森（上）』二二頁）

『風の歌を聴け』と『1973年のピンボール』で言及され、『ノルウェイの森』で遂に描かれる「直子」とは誰なんだろう？というワイドショー的な興味はあるが、村上春樹の人生において実在した（そして自殺した）、大切な昔のガールフレンドなのかもしれないし、完全なフィクションなのかもしれない。あと何十年かして、村上春樹や周辺の人々も亡くなったら、誰かが調べて書いてくれるだろう。

直子の死は所与《しょよ》の事実であるがために、その死までの道程とワタナベの緑との再生を描く（かに見える）この作品には、初めから死が色濃く刻印されている。読者は、ハラハラしながら事の成り行きを見守る、というよりは、初めから死を悼むのである。

ありとあらゆる登場人物が、前触れもなく、死んでいく。この作品における死には理由がない。キズキ、直子、直子の姉、ハツミさん。再び比較してしまうが、『飢餓海峡』や『砂の器』のような、最低限のレベルで何とか生きていくために殺人や戸籍偽造もせざるをえない世界とは異なる世界である。

キズキは、高校三年の「五月の気持ちの良い昼下がりに」、ワタナベを誘って、午後の授業をすっぽかしてビリヤードに行った日の夜、自宅のガレージで死んだ（『ノルウェイの森（上）』五一頁）。直子の姉は、「何をやらせても一番になってしまうタイプ」で、「直前まで自殺するような素振りはなくて」「遺書もなくて」（同、二九四―二九五頁）、突然の死であった。ハツミさんは、「人生のある段階が来ると、ふと思いついたみたいに自らの生命を絶った」。彼女は永沢さんがドイツに行った二年後に他の男性と結婚し、その二年後に死んだ（『ノルウェイの森（下）』一三二頁）。

ハツミさんの場合は、好きな人と一緒になれなかったことが原因かもしれないが、今まで論じてきたような、村上作品における〈喪失〉を愛惜するという、逆説的な「喜び」は女性のものではないのだろうか。永沢との恋を学生時代のアルバムの中の大切な一ページとして時折眺めて、その〈喪失〉に思いを馳《は》せるというのはだめだろうか。実際は、人生において「唯一無二の恋人」というのは存在しない。この人がいなければ生きていけない、と思いつめる瞬間はあっても、一年もたてば、別れてよかった！と胸を撫《な》でおろすことはよくあることだ。と、私がハツミさんを慰めてもしようがないが、とにかく、彼女の自殺もやはり痛ましい。死ぬ必要はなかった。

『ノルウェイの森』は一見したところ、ワタナベが直子を愛しつつも、緑に惹かれていき、直子の死後、緑と共に生きる決意をする、というストーリーであるように思える。しかし、加藤典洋によれば、ここには、「僕と直子の物語、僕と緑の物語、というふたつの独立した物語」があり、「存在しない三角関係をあらしめ」ているという。[7]

ワタナベが出かける二度の傷心旅行（直子の失踪のあとと彼女の自殺のあと）は実際は一度であり、その間の「ひきのばされた時間」のなかに、永沢さん、ハツミさん、レイコさん、阿美寮訪問、緑の父親の死というエピソードが入れ込まれ、「二次的虚構」を形成する。

緑と出会うのは「二次的虚構」の始まり、一度目の旅行から帰ったあとであるが、「引きのばされない時間」＝「元の物語の時間」においては、直子が死んでから緑と出会うので、ワタナベはふたりの女性の間で揺れ動きようがない。緑と物干し台でキスしたりしている間も、永沢さんやハツミさんと会っている間も、直子はすでに死んでいたのである。

鈴木智之も、緑と直子が「それぞれに別の空間に生きていて、二人は一度も顔を合わせることも交わることもなくすべてが推移する」ことに着目し、『僕』を頂点とする三角形の他の二点が異なる平面上に置かれている」「変則的な三角関係」を形成していることを指摘する。[8]

緑が登場したあと、直子と緑の物語という別々の物語は、「交互に前景化」されていき、ワタナベのなかでは、どちらを選ぶのかという選択は大きな問題とはならずに物語は進行していく。そして、第十一章の冒頭で突然直子の死が「既知の事実」として語られるのである。[9]「既知の事実」であるのは、直子はもっと前にすでに死んでいたのであり、それに関する説明は不要だからである。

『村上春樹　イエローページ』（一九九六年）において詳細に村上の作品群を論じた加藤典洋は、『ノルウェイの森』における「偽の三角関係」がつくられた理由を次のように分析している。

内閉への連帯と外への欲求が、ここでは二者択一の関係に置かれ、いわば彼の緑への愛（世界への回復）が、彼の直子への愛（内閉への連帯）の水深に垂鉛としておろされ、そのやむにやまれなさともいうべきものを吟味されるのである。[10]

緑は彼を内閉世界から外に連れ出すために登場する。ワタナベは内閉する自分自身の分身としての直子を心のなかで捨て、緑とともに外の世界に出る。そのプロセスにおける彼の葛藤が描かれているのだ。

加藤は最後に、「なぜこの小説はわたし達の心に深く食い入る」のかを分析し、この小説は内的世界からの回復を描くにあたって、「その回復のために犠牲にされなければならなかったもののほうから陰画的に浮き彫りにする[11]」からだと言っている。まったくその通りだ。

村上は、〈失われたもの〉のほうに優しい目を向けて描いているのだ。十八年という歳月が過ぎ去っても、「あの草原の風景」とともに想起される、失われた恋人直子。『風の歌を聴け』と『1973年のピンボール』を読んでから『ノルウェイの森』にやってきた読者は、直子がすでに失われているのを知っている。さらにまた、加藤が指摘したような、小説の二重構造によって、直子は小説の半ばですでに死んでいた。彼女がいつ死んだとしても、彼女は小説の初めからすでに死んでおり、初めから、姉とキズキの死、そして自らの来るべき死を内に抱えた存在として登場するのである。

彼女は親友キズキの恋人であった。死んだキズキと、生きることを決意した僕。ふたりは同一人物である。死んだ鼠と生きることを決意した僕が同一人物であるのと同じように（村上の作品のなかには主人公の投影としての登場人物がかなり多い。永沢さんや五反田君もそうである）。

キズキと直子は、未分化の生命体のように一心同体であった。

私たちは普通の男女の関係とはずいぶん違ってたのよ。何かどこかの部分で肉体がくっつきあっているような、そんな関係だったの。（中略）お互いの体を隅から隅まで見せあってきたし、まるでお互いの体を共有しているような、そんな感じだったのよ。

（『ノルウェイの森（上）』二六二―二六三頁）

「常にすでに失われている」直子は、母子一体化、もしくは、近親相姦《そうかん》的一体化の象徴である。それゆえに失われなければならないのだ。大人になってからも母子一体化のままでいることはできない。その全き喜びの空間は愛惜の対象としてのみ存在するからだ。

直子とキズキは、三つのときから一緒にいて、十二歳のときにはキスして、十三歳のときにはペッティングをしていた。彼らは自我の成長に伴う苦しみを経験しなかった。母の子宮から出ることなく一生を過ごすことはできない。「私たち二人は離れることができない関係だったのよ」と言う直子は、そのことの危険性を承知していた。「無人島で育った裸の子供たち」である自分たちも「社会の中に出ていかなくちゃならない」ということを知っていた（同、二六四―二六五頁）。

この一心同体の男女は、『海辺のカフカ』における佐伯さんと甲村家の長男であるその恋人との関係と酷似している。ふたりは小学生の頃から恋人同士であった。

二人は同い歳《どし》で、美しい少女と美しい少年だった。ロメオとジュリエットみたいにね。二人は遠縁の関係にあった。家もすぐ近くにあり、なにをするにもどこに行くにも一緒だった。自然に心を引かれあい、成長してからは男と女として愛しあうようになった。まるで一心同体みたいだった（後略）（『海辺のカフカ（上）』三三一頁）

大島さんのお母さんによると、ふたりは十四歳くらいから日常的に性的な関係をもっていた。

二人は早熟だったんだ。そして早熟な人がしばしばそうであるように、うまく歳《とし》をとることができなかった。彼らはいつまでも14歳か15歳のままでいた。（中略）どちらもほかの異性にはまったく心を引かれることがなかった。

（同、三三三―三三四頁）

甲村家の長男は、二十歳のときにストライキで封鎖中の大学で殴打されて死んだ（同、三三六頁)。キズキのように自殺したのではないが、同じように突然の死だった。

佐伯さんの人生は基本的に、彼が亡くなった20歳の時点で停止している。いや、そのポイントは20歳ではなく、もっと前かもしれない。

(同、三四二頁)

佐伯さんの人生が、二十歳ではなく、それよりもずっと前で停止していると大島さんが思うのは、村上にとって二十歳はもう大人だからだ。十三歳か十四歳か十五歳くらいでなければ、「ずっと昔の雨の音やら、風の匂い」をもたらしてはくれないからだ。『ダンス・ダンス・ダンス』のユキと『騎士団長殺し』のまりえは十三歳だった。『ねじまき鳥クロニクル』のメイは十六歳だった。『1Q84』のふかえりは十七歳だった。十七歳になるともう胸も大きくなってしまってセックスもできてしまう。

佐伯さんは十五歳のままでとどまっていた。カフカ少年が寝ている部屋に「幽霊」としてやってきたとき、カフカは直感的に彼女は十五歳だと思う。「15歳と16歳とのあいだには大きなちがいがある」(同、四六〇頁)。少女は一歳一歳年をとっていって急に大人になり、少女の頃放っていた「風の匂い」を失うからだ。一歳の違いは大きい。恋人が死んだのは二十歳のときであったけれど、おそらく、大人になりつつある、十五歳から二十歳の間に、すでにふたりの関係は変質し、危険性――ひとりの独立した自我として社会のなかで生きていくことができない――を孕《はら》みつつあったのであろう。

キズキと直子もそうだった。ワタナベはいつも彼らふたりと一緒に時を過ごした。

三人でいると、それはまるで僕がゲストであり、キズキが有能なホストであり、直子がアシスタントであるTVのトーク番組みたいだった。

（『ノルウェイの森（上）』四八頁）

恋人たちのデートに参加するのは「お邪魔虫」のようであるが、実は、ワタナベは彼らにとってなくてはならぬ存在だった、と直子は言う。

あなたは私たちにとっては重要な存在だったのよ。あなたは私たちと外の世界を結ぶリンクのような意味を持っていたのよ。私たちはあなたを仲介にして外の世界にうまく同化しようと私たちなりに努力していたのよ。

（同、二六五頁）

ワタナベが彼らに出会った高校時代には、すでにふたりの関係は堕落以前のアダムとイヴのように「ふたりの腕のなかが楽園」という状態ではなくなっていたのだ。

佐伯さんと恋人は十四歳頃からセックスしていたようだが、キズキと直子は何度試みてもできなかった。直子が「濡れなかった」のだ。「開かなかったの、まるで。だからすごく痛くって。乾いてて、痛いの」（同、二三〇頁）。一心同体のふたりの間にはふたつの異なる自我同士の闘争や確執が存在せず、他者とはなりえなかった。親子または兄と妹、姉と弟のような関係性において、セックスはタブーである。

大塚英志は、庄司薫の『赤頭巾ちゃん気をつけて』（一九六九年）において、薫くんの冒険は結局由美ちゃんのもとに戻ることで終わることを指摘する。

〈由美ちゃん〉は〈薫くん〉にとって決して〈他者〉ではありえない。何故ならそれは男―女の関係ではなく、子―母の関係であり、だからこそインセスト・タブーとして〈由美ちゃん〉と〈薫くん〉の間に性は禁忌されている。(12)

同じく庄司薫の『白鳥の歌なんか聞えない』（一九七一年）において、由美ちゃんは自ら裸になって薫くんをベッドへ誘うが、薫くんは彼女に背中を向けたまま興奮しすぎてひとりで射精してしまい、性の関係が成立しない。

『ノルウェイの森』の直子は二十歳の誕生日の夜に一度だけ「濡れて」、ワタナベの挿入を許す。しかしこの一度の性交が彼女の心のバランスを突き崩すことになるのである。ワタナベはキズキの投影であるから、この性交はインセスト・タブーを破る行為となってしまったのだ。

『ノルウェイの森』の直子と緑は妹＝母

直子は、キズキとそしてワタナベの恋人であったが、同時に〈妹的なるもの〉（〈姉的なるもの〉でもよい）であると同時に、「融合的母子一体化」の象徴であるという点において〈母的なるもの〉でもある。

ワタナベが懐かしむ〈喪失〉は、直子と「あの草原の風景」であるが、その草原を歩いているときに直子が話してくれた「野井戸」でもあった。「僕はその井戸の姿なしには草原の風景を思いだすことができなくなってしまった」（『ノルウェイの森（上）』一三頁）。

その「野井戸」は恐ろしく深くてどこにあるのか誰もわからない。「穴の中には暗黒が――世の中のあらゆる種類の暗黒を煮つめたような濃密な暗黒が――つまっている」（同）。井戸は、深く暗い閉塞的な空間に人を閉じ込めるという否定的な側面と、社会の様々な脅威から守ってくれ、温かく包んでくれるという肯定的な側面のふたつをあわせもつ、「子宮」

のような存在である。

村上のこれ以降の作品においては、「井戸」または〈井戸的なるもの〉が頻出する。『騎士団長殺し』の「洞穴」や、まりえの母親の「イフク」が詰まった免色の家の「クローゼット」、『1Q84』における「空気さなぎ」、『ダンス・ダンス・ダンス』における「羊男の部屋」も、「閉じた場所」であり、マジカルなことが起こるという点において、〈井戸的なもの〉であるが、「井戸」が「井戸」として物語のなかで大きな役割を担うのが、『ねじまき鳥クロニクル』である。

『ねじまき鳥クロニクル』において、岡田トオルは、井戸の底で眠りに落ちて気がつくと、「奇妙なホテルの部屋」にいた。そのホテルの長い廊下を辿っていたとき、彼にはそれが「際限なく続く胎内めぐりのように思えた」（『ねじまき鳥クロニクル　第3部　鳥刺し男編』五二五頁）。暗い部屋にとらわれている妻のクミコを取り戻すために、彼は謎の男をバットで強打する。その男は現実世界においてはクミコの兄の綿谷ノボルであった。再び井戸の底に戻ったとき、涸れていたはずの井戸に突然水が湧いてきて、前述したように、メイが裸を月の光にさらすことによって、彼を救ってくれた。

ここには、精神分析学的な象徴性が、説明を要さないほど明らかな形で存在している。クミコ（また亡くなった姉）と兄のノボルとの間には近親相姦に限りなく近いものが存在しているが、それは暗示されながらも明示されない。井戸と、その壁を突き抜けた向こうにあるホテルの部屋は、近親相姦的一体化の場所としての子宮である。トオルはそこにとらわれて骨抜きにされているクミコを助けるため、父性原理ともいえるノボルをやっつけなければならない。

本来、父性原理に拠《よ》って人は自我を獲得し社会に参入するのだが、村上において父性原理は人の安らぎを破壊するものである。安穏とした母子一体の井戸に戻りたい子供にとって、父は邪魔な存在なのだ。そういう意味において、トオルは井戸から出てまた井戸に戻るために父性原理を破壊したのである。井戸[13]を出なければならないが、同時に井戸にとどまりたいという矛盾した感情は、自立した一個の自我を確立したいが、その一方で母子融合的な温かい海にとどまりたいという感情である。

『ノルウェイの森』において、直子とともに、もしくは、直子よりも先に脳裏に浮かぶ懐かしい「あの草原の風景」は、『ダンス・ダンス・ダンス』のユキが運んでくる「ずっと昔の雨の音やら、風の匂い」であり、『国境の南、太陽の西』において島本さんに手を握られたときに感じた「風」であり、『騎士団長殺し』で妹に会うためにかき分けなければならない「高く繁った緑の草」である。〈妹的なるもの〉は自我が確立する前の少年期に感じた自然や人との一体感を思い出させてくれるが、それは〈恋人的なるもの〉に、さらには〈母的なるもの〉に横滑りしていく。〈妹的なるもの〉や〈恋人的なるもの〉は、〈母的なるもの〉の不在を補うために村上作品に登場するのである。

『ねじまき鳥クロニクル』の邪悪な父性原理・綿谷ノボルが姉妹と限りなく近親相姦に近い関係にあったのは、「母」が「不在」だったからである。クミコは母と父方の祖母との確執の「人質」として新潟の父の実家で育てられた。両親のもとに戻ってきてから、家族のなかで唯一心を開くことができたのは、姉だけだった。父方の実家と兄が表象する「父性原理」に対抗し、我が身を守るためには、姉だけが頼りであったのに、姉は食中毒（実際は兄のノボルが原因であることがのちに示唆される）で突然死んでしまう（『ねじまき鳥クロニクル　第1部　泥棒かささぎ編』一五一―一五五頁）。

クミコは母と祖母との不仲の犠牲になったのだが、その原因をつくった母は無言だ。クミコのその後の人生を生きやすいものにするための努力をしたようには思われない。母は「不在」であったのだ。

『ノルウェイの森』において、直子の両親に関する言及はほとんどない。姉妹ともに自殺するという、モンタギュー家とキャピュレット家（『ロミオとジュリエット』）を合わせたような悲劇が生じたわけだが、その悲しみは描かれない。無言だ。存在感がない。東野圭吾の『祈りの幕が下りる時』の父親だったら、キズキが自殺したから直子も自殺したと恨んで、キズキの一家に壮大な復讐《ふくしゅう》劇を仕掛けるだろう。

直子とキズキが三歳の頃から融合的一体化の状態にあったのは、両方ともに母親が「不在」だったからなのである。彼らは、お互いを他者として認識し、その人柄や外見を好ましいと思い、恋をする、というプロセスを経ずに、一気に完全に一体化している。お互いが母の代替物であったからである。戻るべき温かい場所が家庭に欠如していたから、お互いだけが頼りとなり、〈母的なるもの〉をお互いのなかに求めたのである。

血縁や地縁が薄い村上ワールドである。直子と緑は様々な点で対照的だ。彼女の母親は二年前に脳腫瘍で亡くなったという。直子は「あまり熱心に勉強をすると『品がない』とうしろ指をさされるくらい品の良い学校」（『ノルウェイの森（上）』四七頁）に通っていた。そして、その学校からはあまり進学しないという理由で、「英語の教育で有名な」「武蔵野のはずれにある女子大」（同、五七頁）に行った。「私たちみんなもう少しシックな大学に行くのよ」（同、五八頁）と直子は言う。おそらくT塾大学と思われるが、そこの卒業生である私としては、「シック」ではないという言葉が多少気にかかる。

他方、緑は、「親の見栄」で入れられた、豊島区に住んでいる生徒は緑だけのお嬢様学校で、親の職業が「書店経営」とあれば紀伊國屋みたいな大型書店を経営していると思うようなお金持ちの同級生たちのなかで、玉子焼き器を買うために三カ月間一枚のブラジャーで過ごした（同、一二六―一四四頁）。苦労人である。

緑は村上の作品のなかでは珍しく日本料理を作る女性である。ワタナベを家に招いたときの料理は立派なものだった。

鰺の酢のものに、ぼってりとしただしまき玉子、自分で作ったさわらの西京漬、なすの煮もの、じゅんさいの吸物、しめじの御飯、それにたくあんを細かくきざんで胡麻をまぶしたものがたっぷりとついていた。味つけはまったくの関西風の薄味だった。

（同、一四二頁）

母親が家事が大嫌いで、三日分カレーを作って毎日それを食べているような、そんな生活が嫌いだったので、緑は料理の本を買って勉強し、おこづかいをためて包丁や鍋やざるを買って、ひとりで修業したのだ。彼女は存在感の薄い母に代わって、自ら〈母的なるもの〉になったのである。しかも、母親が一年半入院している間、大変な苦労をする。

一年半入院して苦しみに苦しんで最後には頭がおかしくなって薬づけになって、それでも死ねなくて、殆んど安楽死みたいな恰好で死んだの。なんて言うか、あれ最悪の死に方よね。本人も辛いし、まわりも大変だし。おかげでうちなんかお金なくなっちゃったわよ。一本二万円の注射ぼんぼん射つわ、つきそいはつけなきゃいけないわ、なんのかのでね。看病してたおかげで私は勉強できなくて浪人しちゃうし、踏んだり蹴ったりよ。（同、一四五頁）

彼女には自分自身が落ち込んでいる余裕などなかった。〈母的なるもの〉として忙しすぎたのだ。

おまけに、父親は妻が亡くなったとき、「俺は今とても悔しい。俺はお母さんを亡くすよりはお前たち二人を死なせた方がずっとよかった」（同、一四九頁）と言う。

緑が三カ月間同じブラジャーで過ごさなければならなかったのは、「女性性」を捨てて〈母的なるもの〉にならなければいけなかったからだ。母の「不在」は、娘のそのような悲惨な状況に気がつかないという「無言」に十分表れてはいるが、娘の肩に向かって放り投げられた大きな重荷としても表れている。

それに加えて、父も「不在」だ。父は娘に十分な愛情を注がない。さらに、妻の病気を「反復」して、〈父親自らも脳腫瘍に侵され入院する。緑がワタナベに言った「お父さんは去年の六月にウルグァイに行ったまま戻ってこないの」（同、一四九頁）はまんざら嘘ではない。病院であろうがウルグァイであろうが、父親が「不在」であることに変わりはないのだ。

緑と一緒に病院に行ったワタナベは、同室の奥さんから緑のことを「あの子、本当に良い子よ」と言われる。


とてもよくお父さんの面倒をみてるし、親切でやさしいし、よく気がつくし、しっかりしてるし、おまけに綺麗だし。あなた、大事にしなきゃ駄目よ。放しちゃだめよ。なかなかあんな子いないんだから（後略）　（『ノルウェイの森（下）』八六頁）

緑は本当に良い子だ。ジェイン・オースティンの『高慢と偏見』（一八一三年）だったら、ワタナベは、一見チャラけて見える緑の真の人間性に気がついて、彼女とハッピー・エンド、ということになるであろう。しかし、『ノルウェイの森』は、直子が「内閉への連帯」、緑が「世界への回復」を表象し、ワタナベが緑の助けによって回復して外に出るという、加藤典洋が指摘したような物語ではない。なぜなら、緑もまた、〈妹的なるもの〉であるからだ。

病院に一緒に行くために、緑は寮の玄関でワタナベを待っていた。彼が下りていくと、彼女は「信じられないくらい短かいジーンズのスカートをはいてロビーの椅子に座って脚をくみ、あくびをしていた」。男たちがじろじろ見るのも気にせず、「すごく可愛い下着だから」大丈夫と言う。続けて彼女は、ワタナベに「マスターベーション」について根掘り葉掘り聞き、「今夜マスターベーションするときちょっと私のこと考えてね」と頼むのだ（同、五七―五九頁）。

緑は、性的な妄想をワタナベに向かって臆面もなく語る。拒む緑にワタナベが迫ってくる。緑は言う、「駄目よ、本当に駄目、そんなに大きくて固いのとても入らないわ」（同、五三頁）。

ふたりはＳＭ映画を三本見て、感想を言い合ったりもする。

ワタナベは緑のリクエストに応えて、彼女のことを考えながらマスターベーションをするのだがうまくいかない（同、一〇三頁）。

過剰な性的言及は、逆説的に〈非性性〉の徴である。彼女は自らの女性性に気づいていない。「信じられないくらい短いスカート」を平気ではくことができるのは、それが男をそそり、自分が性の被害者になるかもしれないという可能性を認識していないのだ。性的妄想をワタナベに向かって語るのは、彼が妄想通りのことを仕掛けてこないと安心しているからだ。

前述した、庄司薫の『赤頭巾ちゃん気をつけて』における由美も同様である。薫によると、彼女は、「恐らくは仕立て屋のせいで、一緒に出かける時なんかものすごいミニスカートでやってきたりする」が、そうなると薫は、「ふつう電車の中ですわっているミニスカートの女性なんかにはすごく感じ」て強姦スレスレになるにもかかわらず、まったく感じなくなって、ボディガードのような気分になる。[14]

由美も自らの女性性に気がついていない。初めて生理があったときには薫を呼び出して「ちっちゃな肩をふるわせて泣いていた」。[15] 河口湖のボートの上では、「突然着ていたカーディガンの胸を開いてそのふくらみはじめた乳房を見せてくれた」。[16] 彼女にとって薫は他者ではないのだ。「ヨチヨチ歩き」[17]のときから一緒の「一心同体」の存在なのだ。

それゆえにふたりは〈恋人的なるもの〉ではあっても、実際に恋人になることはない。由美は薫にとって、〈恋人的なるもの〉であると同時に〈妹的なるもの〉であり、かつ、一心同体であるという点において〈母的なるもの〉でもあるからだ。

『赤頭巾ちゃん気をつけて』の由美もまた、村上作品における「妹たち」と同様に胸が小さいが、『ノルウェイの森』の緑はその代わりに腰が細い。

うしろから見ると彼女の腰はびっくりするくらいほっそりとしていた。まるで腰をがっしりと固めるための成長の一過程が何かの事情でとばされてしまったんじゃないかと思えるくらいの華奢な腰だった。そのせいで普通の女の子がスリムのジーンズをはいたときの姿よりはずっと中性的な印象があった。

（『ノルウェイの森（上）』一四〇頁）

緑の口から溢《あふ》れ出る「下ネタ」にもかかわらず、その細い腰は、彼女がまだ未成熟であることを示している。

『赤頭巾ちゃん気をつけて』において、白衣の下に何も身につけていない妖艶な女医が、性的なことは何も言わずとも、薫を完全に興奮させてしまったのとは異なり、由美も緑も〈非性的〉な存在なのである。「信じられないくらい短かいスカート」や「ものすごいミニスカート」をはいてもいやらしい感じを与えない。それどころか、かえって守りたくさせてしまう。自分の一部であるからこそ、被害者となる可能性を露《あら》わにしたとき、守らなければならないのだ。

緑を思い浮かべてのマスターベーションがうまくいかなかったというワタナベに向かって、彼女自身も不安そうに聞いていた。「私ってあまりセクシーじゃないのかな、存在そのものが？」（『ノルウェイの森（下）』一五八頁）。おそらくその通りなのだろう。

緑は、ユキやメイやふかえりやまりえたち、〈妹的なるもの〉の系譜における、最初の「妹」、一番年上の「妹」である。ユキやメイやふかえりやまりえが、思春期独特の感受性が放つ力によって主人公たちを守ってくれたように[18]、緑はワタナベの内閉する世界に一筋の光をもたらしてくれた。精液を出すのを手伝ってくれて、天ぷらを作ってくれて、「沢山食べていっぱい精液を作るのよ」と励ましてくれた（同、二四〇頁）。村上春樹の出身地である関西の料理を作る、村上の小説においては唯一の女性である緑は、村上にとって特別な女性なのかもしれない。

恋人、妹、母、三つの役割を一身に背負った健気な女性、緑は、しかし、ワタナベとは結ばれない。『赤頭巾ちゃん気をつけて』の薫と由美が結ばれないのと同じように。緑はワタナベにとって他者ではないからだ。

最後に、ワタナベは緑に電話をかける。「あなた、今どこにいるの？」という彼女の問いに対して、彼は「いったいここはどこなんだ？」と自問する。彼は「どこでもない場所のまん中から緑を呼びつづけていた」（同、二九三頁）。「どこでもない場所のまん中」とは、子宮である。直子が失われた「融合的母子一体化」の表象であったのと同様に、緑もまたすでに〈失われたもの〉である。

妹のような存在とともに「どこでもない場所のまん中」に永久にとどまることはできな

い。アダムとイヴがエデンの園に永久にとどまることができなかったのと同じように。妹のようにワタナベになついてきた緑もまた過去の残影であり、失われた「融合的母子一体化」の表象である。

それゆえに、十八年後、小説の冒頭に緑はいない。失われてしまったからだ。

村上春樹における〈失われた母〉

村上春樹の小説に現れる主人公の男性たちが現実にいたらすばらしい。お腹が空いたと言えば、冷蔵庫にあるものでチャチャッとサンドイッチを作ってくれて、コーヒーも淹《い》れてくれる。牛肉とピーマンを一緒に炒めたものは嫌い、と言うと、悪かった、と謝ってくれる。怒らない。優しい。一途に愛してくれる。十二歳から三十七歳まで一度も会わなくても、ずっと思っていてくれる。

しかし、ちょっと孤独すぎる。個人的には社交的な男性が好きなので、恋人には選ばないと思う。

いずれにしても、一途に女性を愛する、という点において、第1部の4章で言及した「ロマンティック・ラブ」を日本において実現せしめたという感がある。そういう点において村上春樹は非常に西洋的に見えるのだ。

４章で引用したローレンス・ストーンによる「ロマンティック・ラブ」の定義を今一度引用しておこう。「恋をして心の平衡が失われ、その結果、その人の美徳ばかりを執拗《しつよう》に考えてしまい、その人の欠点だと思われるものはまったく目に入らず、他のあらゆる選択肢や考慮すべき点などを完全に拒否し、特に財産などの世俗的な事柄は一切気にしない[19]」という感情である。

たとえば、『国境の南、太陽の西』において、ハジメは十五年を経てもなお島本さんのことを思っていた。ハジメの島本さんに対する思いは、欠点などまったく目に入らず、長所ばかりが目立って見えて、世俗的な事柄に対する配慮はまったくない、盲目的な恋である、という点においてはロマンティック・ラブではあるが、〈喪失〉を愛するという点では母胎退行である。

島本さんはすでに失われた存在であった。『ノルウェイの森』における直子が「常にすでに失われた存在」であったのと同様である。島本さんも直子も、〈母的なるもの〉であり、母親の代理であった。ハジメは一人っ子であったが、一人っ子をさぞかし可愛がるだろうと思われる母親の姿はまったく描かれない。その空白を埋める存在が島本さんであった。

母と一体化した状態に戻ることはできない。だから恋は失われなければならない。

島本さんは、ハジメが到達すべき目標としての、「桟橋の尖端の緑色の光」ではない。島本さんは、昔存在していた心を震えさせる何か、「風の匂い」や「雨の音」、もはや過去となってしまった青春のときめきを象徴する存在なのである。

「桟橋の尖端の緑色の光」とは、『グレート・ギャツビー』において、ニックが初めてギャツビーを見かけたとき、彼が海のほうに向かって両手をさしのべ、一心に見つめていたものであった。それは、五年前に出会った初めて知った「『良家の』娘」（『グレート・ギャツビー』二四四頁）であるデイジー、ルイヴィルの娘たちのなかでも「断然群を抜いた人気者だった」（同、一二二頁）デイジー、それほど美しい家に足を踏み入れたのは初めてというくらいに美しい家に住んでいた（同、二四四頁）デイジー――そんな彼女を象徴する光であった。

彼女を手に入れるためにギャツビーは何でもやった。オックスフォード大学の出であるという嘘もついた。デイジーの家が入り江のすぐ向こうにあるというただそれだけの理由で巨大な邸宅を買い、毎週末その光につられてやってくるありとあらゆる客たちを迎え入れていた。いつの日かデイジーがその客たちのひとりになるのではないかと期待していたからであった。

五年ぶりにデイジーと再会したギャツビーは、デイジーが夫のトムに向かって、「私はあなたを一度も愛したことがない」と宣告することを望んだ。でもデイジーにとってギャツビーの要求は大きすぎた。「あたしはいま、あなたを愛してる——それで十分じゃない?」「かつてはトムを愛していた——でもあなたのことも愛していた」(同、二一八頁)と彼女は言う。ギャツビーは求めすぎた。デイジーという存在は五年の間に現実の存在を超えて、とてつもなく大きな理想と化してしまっていた。だから、ギャツビーは、デイジーに入り江の向こうの緑色の光のことを話したとき、自分のすぐそばにいる彼女自身よりも、その話のほうに心を奪われているようだった。「その光の持っていた巨大な意義が、いまは永遠に消滅してしまったと、ふと思ったのかもしれぬ」(同、一五二頁)。

デイジーは、入り江の「緑の光」、または、二階の部屋から漏れる「ピンクの光」(同、二四〇頁)として、いつも向こう側にいる存在であった。

彼女は具体的な顔かたちの美しさを描写される代わりに、「光」また「声」として、とらえがたいもの、とらえようとすると消えていくものとして描写される。ニックが初めてトムとデイジーの家を訪れたとき、デイジーは「低い震える声」で彼に話しかけた。「それは、言葉一つ一つが二度と演奏されぬ音の調べをつなぎ合わせたとでもいうか、聞く耳のほうがあとを追いたくなるような声であった」(同、一八頁)。ギャツビーが初めてデイジーに口づけしたとき、「彼女は風邪をひいていて、そのためにすこしかすれた声がいっそう魅惑的だった」(同、二四七頁)。

デイジーは手の届かない向こう側にいる。そこは、「現実」に相対する場所としての「理想」である。ギャツビーはデイジー自身を愛したのではなかった。彼女を「愛するようになった何か——おそらくは自分に対するある観念をでも——取り戻そうとしているのではないか」（同、一八一頁）とニックが思ったように、彼は、デイジーではなく、自分が若い頃にもった理想そのものを愛したのだ。ギャツビーがデイジーに口づけしたとき、「彼女は彼にむかって一輪の花のごとく開花した」が、「同時に彼の夢も一個の人間の姿に具象化されたのである」（同、一八二頁）。デイジーは、「甲斐性《かいしょう》のない敗残の百姓」（同、一五九頁）を両親にもった彼が手にすべき理想を体現した存在と化したのである。

デイジーは、現実とは異なる「理想」という領域に存在したのだが、島本さんと直子は、「生」の世界と背中合わせの「死」という世界に存在していた。

島本さんと直子は「死」の領域から彼らを時折訪ねてきた。彼女たちが住まう「死」の領域とは、捨て去ったはずの母の子宮である。母との融合状態のなかで過ごした幼少期の思い出である。人はそこから出発して一人旅に出なければならない。

東野圭吾についての2－2・12章において言及する、ジュリア・クリステヴァの理論によれば、主体は、前＝対象（アブジェ）の母を棄却して父性原理を規範とするサンボリックの世界へと旅立たなければならない。しかし、人はしばしばアブジェへの愛着から自分を解き放つことができず、その喪失を悲しむ状態――「喪」――の状態を引き延ばす。

村上の主人公たちはアブジェへの愛着に取り憑かれている。喪失以前の始源の母との一体化、無時間的時間へのノスタルジアに引きずられて、彼らは井戸へ下降したり、死の世界に魅了されたり、「風の匂い」を懐かしんだりするのである。

村上の作品は一見西洋的な枠組みのなかで、唯一無二の誰かを探し求める愛の物語を展開しているようでありながら、まったく異なる。始源の母との一体化を女性のなかに見出そうとする点において、村上の愛は母胎回帰、母胎退行の愛である。

『騎士団長殺し』において、「私」や免色が、「むしろ失ったもの、今は手にしていないものによって前に動かされて」いたのは、ギャツビーが「理想」を手に入れるために前に突き動かされていたのとは逆方向の動きである。過去へ戻りたい、という願望は、「喪」の状態にある人間が抱く願望である。

村上の作品のなかの多くの主人公たちは、「風の匂い」や「雨の音」に魅せられ、かつて心を震えさせてくれ、今はもう失われてしまったものを愛惜した。喪失が存在しなければ喪失をつくりだした。

しかし、『海辺のカフカ』のカフカが森を抜けて小さな町に行き着き、そこで、お母さんである佐伯さんを許し、再び森を抜けて現実世界に戻ったように、彼らは〈喪失〉から抜け出そうとしている。『ノルウェイの森』においてワタナベは〈妹的なるもの〉である緑と結ばれないが、「どこでもない場所」から緑を呼び求める彼は、〈喪失〉から抜け出すことを切実に願っていた。

※村上春樹のテクスト及び複数回引用する作品に関しては、以下の版を使用した。

村上春樹
一九七九年『風の歌を聴け』講談社文庫（講談社、二〇二〇年）
一九八〇年『1973年のピンボール』講談社文庫（講談社、二〇二〇年）
一九八二年『羊をめぐる冒険（上）』講談社文庫（講談社、二〇二〇年）
『羊をめぐる冒険（下）』講談社文庫（講談社、二〇二〇年）
一九八七年『ノルウェイの森（上）』講談社文庫（講談社、二〇二〇年）
『ノルウェイの森（下）』講談社文庫（講談社、二〇二〇年）
一九八八年『ダンス・ダンス・ダンス（上）』講談社文庫（講談社、二〇二〇年）
『ダンス・ダンス・ダンス（下）』講談社文庫（講談社、二〇二〇年）
一九九二年『国境の南、太陽の西』講談社文庫（講談社、二〇一八年）

一九九四年　『ねじまき鳥クロニクル　第1部　泥棒かささぎ編』新潮文庫（新潮社、二〇一九年）
一九九五年　『ねじまき鳥クロニクル　第2部　予言する鳥編』新潮文庫（新潮社、二〇一九年）
『ねじまき鳥クロニクル　第3部　鳥刺し男編』新潮文庫（新潮社、二〇一九年）
二〇〇二年　『海辺のカフカ（上）』新潮文庫（新潮社、二〇二〇年）
『海辺のカフカ（下）』新潮文庫（新潮社、二〇二〇年）
二〇〇九年　『1Q84　BOOK1〈4月―6月〉前編』新潮文庫（新潮社、二〇一二年）
『1Q84　BOOK1〈4月―6月〉後編』新潮文庫（新潮社、二〇一二年）
『1Q84　BOOK2〈7月―9月〉前編』新潮文庫（新潮社、二〇一二年）
『1Q84　BOOK2〈7月―9月〉後編』新潮文庫（新潮社、二〇一二年）
『1Q84　BOOK3〈10月―12月〉前編』新潮文庫（新潮社、二〇一二年）
二〇一〇年　『1Q84　BOOK3〈10月―12月〉後編』新潮文庫（新潮社、二〇一二年）
二〇一三年　『色彩をもたない多崎つくると、彼の巡礼の年』文春文庫（文藝春秋、二〇一五年）
二〇一七年　『騎士団長殺し　第1部　顕れるイデア編（上）』新潮文庫（新潮社、二〇一九年）
『騎士団長殺し　第1部　顕れるイデア編（下）』新潮文庫（新潮社、二〇一九年）
『騎士団長殺し　第2部　遷ろうメタファー編（上）』新潮文庫（新潮社、二〇一九年）
『騎士団長殺し　第2部　遷ろうメタファー編（下）』新潮文庫（新潮社、二〇一九年）

F・スコット・フィッツジェラルド著、野崎孝訳『グレート・ギャツビー』新潮文庫（新潮社、二〇一三年）

（1）沼野充義「ドーナッツ、ビール、スパゲティ――村上春樹と日本をめぐる三章」、『ユリイカ臨時増刊号　総特集　村上春樹の世界』第二一巻第八号（青土社、一九八九年六月）一五三頁。
（2）前掲書、一五五頁。
（3）F・スコット・フィッツジェラルド著、村上春樹訳『グレート・ギャツビー』村上春樹翻訳ライブラリー（中央公論新社、二〇一三年）一一頁。
（4）三浦玲一『村上春樹とポストモダン・ジャパン――グローバル化の文化と文学』（彩流社、二〇一四年）二六頁。
（5）加藤典洋『村上春樹　イエローページ1』幻冬舎文庫（幻冬舎、二〇〇六年）一二七頁。
（6）山崎真紀子「海に降る雨――村上春樹『国境の南、太陽の西』論」、『日本文学』五六巻一一号（日本文学協会、二〇〇七年）六四頁。
（7）加藤典洋『村上春樹　イエローページ2』幻冬舎文庫（幻冬舎、二〇〇六年）二五、二八頁。
（8）鈴木智之『村上春樹と物語の条件――『ノルウェイの森』から『ねじまき鳥クロニクル』へ』（青弓社、二〇〇九年）四一頁。
（9）前掲書、四三―四五頁。
（10）加藤『イエローページ2』五五頁。

（11）加藤『イエローページ2』六六頁。
（12）大塚英志「庄司薫とサブ・カルチャー文学の起源」、『文學界』五三巻二号（文藝春秋、一九九九年二月号）二三三頁。
（13）人を恐怖の底に陥れる否定的な意味における井戸は、この作品に挿入される、間宮中尉の長い話のなかに現れるノモンハンの深い井戸である。それは人を永遠の暗黒のなかに閉じ込め自由を剝奪する井戸であった。この井戸は子供を食い殺す邪悪な母の子宮だ。
（14）庄司薫『赤頭巾ちゃん気をつけて』新潮文庫（新潮社、二〇一六年）七一頁。
（15）前掲書、六七頁。
（16）前掲書、六八頁。
（17）前掲書、十四頁。
（18）まりえが「私」を助けたことに関しては述べなかった。「私」がメタファーの川を通って洞穴に行き着き、そこから出られずにいた間、まりえは免色の家に潜んでいた。ふたりが同時期に閉所に閉じ込められていたことは偶然ではない。まりえは自力で免色の家から逃げ出したが、そのことが間接的に「私」が洞穴から出ることを可能にしたのであった。
（19）Lawrence Stone, *The Family, Sex and Marriage in England 1500-1800* (1977; Penguin Books, 1990) p.183.

2－2

恋われる〝母性〟

~東野圭吾作品をめぐって

2−2・序

私は、奉職する大学の二〇一九年度秋学期のゼミにおいて、東野圭吾の『白夜行』と『幻夜』に関して、四年生の男子学生三人に発表させた。

2−2で書くことは、彼らの発表とそれについての他のゼミ生たちの反応と私のコメント、さらに続けて私自身の論考である。

学生がゼミで発表してくれたのは、ある意味、大変参考になった。推理小説の筋書きを説明するのが相当難しいということがわかったからだ（嫌味で言っているわけではない）。クラスメイトたちに向かって、ネタバレしないように、かつ、サスペンスを盛り上げながら、理解してもらえるように語るのは至難《しなん》の業《わざ》である。たとえば、シェイクスピアの『ハムレット』だったら、「生きるべきか死ぬべきか」という独白だけをとりあげても十分中身のある発表をすることはできるが、『白夜行』や『幻夜』の特定の場面だけをとりあげた場合、全体のあらすじを説明しなければ、その場面の意味は不明のままである。

自然の時の流れのなかで生起する出来事の羅列は「ストーリー」、それらが文学作品のなかで技巧を施され並べ替えられたときは「プロット」と呼ぶが、そのプロットをさらに加工して語らないと、わかりやすく伝わらない。今後、いかに学生を指導するか考えたあげく、推理小説を説明するときは、「視点」を要《かなめ》にしたらよいという結論に達した。

そこで、二冊の分厚い本をもう一度読み直し、視点ごとに筋書きをまとめてみた。それが補遺(1)（246ページ参照）と補遺(2)（288ページ参照）である。そこでわかったことは、東野圭吾は主人公の内面を照射する代わりに、視点人物を次々と入れ替えることによって、主人公を外側から描き出す手法をとっているということである。雪穂と美冬の内面が十分に描き出されていないという批判を受けるが、後述するように、それこそが東野の推理小説が読者のなかに感動をつくりだすゆえんともなる。


以下、論理の進め方の概略を記す。

事件の真相が特定の視点人物を通して、直線的に解明されていかず、異なる視点人物を通して点描の連続となって現れ出てくる手法を用いた代表的な作品としては、松本清張の『砂の器』と森村誠一の『人間の証明』（一九七六年）がある。『白夜行』『幻夜』『砂の器』『人間の証明』における主人公の沈黙は、綾辻行人《あやつじゆきと》の『十角館の殺人』（一九八七年）における主人公の饒舌さと対照をなすものだ。

『白夜行』『幻夜』『砂の器』『人間の証明』を解釈するにあたっては、それらの映像化された作品も補助として使用する。『白夜行』のテレビドラマ版では、刑事が亮司を父親のように抱きとろうとする場面が付加されているが、これはまさしくこの作品の真髄を表現している。雪穂と亮司の愛は、男女間の愛というよりは親子の愛に近いのではないか。お互いに親の代理となることによって、失った母の愛情を取り戻そうとしていたのではないか。

『白夜行』と『幻夜』は推理小説である。推理小説に曖昧性があってはならない。結局真相がわからないまま終わり、読者に解釈が委ねられる、というのはありえない。それゆえ、この2－2においては、解釈の余地がほとんどないかのような小説を解釈するために、他の作品をコンテクストとして使うことによって、その作品だけを見たときには気がつかない意味を炙《あぶ》り出すという手法をとる。

コンテクストとして使う作品は、『砂の器』『人間の証明』『十角館の殺人』に続いて、志賀直哉の『暗夜行路』である。精神分析学者の河合隼雄の日本の昔話に関する論考に依拠しながら、『暗夜行路』においては、恋の成就が人生の目標として高い価値をもっていないということを指摘する。

次に、『白夜行』と『幻夜』の連続性に関連して、「なりすまし」という問題を、志賀晃《しがあきら》の『スマホを落としただけなのに』（二〇一七年）にみる。同じく「なりすまし」が事件の重要な鍵となる『砂の器』とは異なり、『スマホを落としただけなのに』においては、「なりすまし」によって失う故郷や過去は、恋人を得ることの幸せによって完全に補填されるかのようだ。「（男女間の）愛がすべて」という現代的状況の表れなのだろうか。

『白夜行』と『幻夜』という詩的なタイトルは、テクストの底部に、意味作用とは異質なものがうごめいていることを示唆している。そのうごめくものを掘り出す作業を最後に行う。母親に搾取されてきた雪穂は、それを他者に向かって繰り返した。彼女にとって唯一の愛は亮司であったが、そうした雪穂の心情を分析することなく、静かに見守る東野圭吾の優しさは深い。ひとりの作家として彼女に寄り添っているのだ。

9章　母を恋う物語（『白夜行』『幻夜』）

『白夜行』／学生Iの発表〜人の「魂を奪う」雪穂

最初の発表はゼミ長のI。彼がスライドで見せた発表要旨は、⑴事件の真相、⑵ふたりがお互いのために犯した罪、⑶そもそも「白夜」とはどういう意味か、⑷東野圭吾がよく使うかっこいい表現集、の四項目である。

まずはストーリーをごくあっさりと追い、次に「白夜行」の意味を軽く説明。作中の雪穂のセリフ「あたしの上には太陽なんかなかった。いつも夜。でも暗くはなかった。太陽に代わるものがあったから。太陽ほど明るくはないけれど、あたしには十分だった。あたしはその光によって、夜を昼と思って生きてくることができたの。わかるわね。あたしには最初から太陽なんかなかった。だから失う恐怖もないの」（『白夜行』八二六頁）に拠《よ》るということだ。雪穂と亮司の人生はずっと夜だったけれど、お互いの存在が光であったという悲しい話である。

　Ｉは今回の発表のなかで、物語の発端となる事件、物語の表面には出てこない雪穂と亮司の「相利共生《そうりきょうせい》」（刑事笹垣がついにふたりの関係性に気がついたときに使う言葉。同、六一四頁）、ふたりがお互いのために手を染めた犯罪の数々、そのどれに関しても詳細を説明しなかった。

　例外的にとりあげた詳細は、亮司の父親である桐原洋介の死体が発見されたとき、ベルトが普段の穴よりもふたつ分緩く締められていたという点（同、一三頁）である。なぜか気になるようだ。それが唯一の事件解明の鍵というわけではないのだが、そこだけ詳しく説明した以上は、学生たちの興味は当然そこに集中する。

　ズボンを脱ぐような行為が行われたということを暗に示しているが、作中の刑事は、あんな埃《ほこり》だらけの場所で「乳繰り合《お》うたりする」（同、二八頁）意図を探りあぐねていた。ゼミの学生たちは、犯人（亮司）が意図的にベルトの穴をずらしたのか疑問に思ったようだ。

　笹垣がその点を不審に思ったのは、洋介がニシン蕎麦《そば》を食べたのが死亡推定時刻の二時間〜二時間半前であり（同、二六頁）、お腹がふくれたためにベルトを緩める可能性はほぼありえないからであった。それゆえ、犯人はここで性的なことが行われていたことを隠す必要性を感じていたということになる。穴を間違えたのは、そこまで気がつかなかったのだ。この見過ごしがあるからこそ、刑事の不審と読者の関心が高まってゆく。

Ｉは発表において、雪穂の策略と彼女の本質を描写するにあたって、「心を奪う」という表現をしばしば使用したが、「心を奪う」という言葉は作中では使用されていないように思えた。気になったのでどういう意味なのか尋ねると明確な答えが返ってこない。

私が読みながらとったメモを見てみると、笹垣は彼女のことを「ふつうの女狐《めぎつね》やない」（同、六一九頁）と言っている。英明大のソシアルダンス部部長であった篠塚一成は、雪穂に関して「得体の知れない不気味さ」（同、五三七頁）があると感じていた。

一成は、自分にとってはガールフレンドであり、雪穂にとっては親友であった川島江利子のレイプ未遂事件を、その当時は雪穂と結びつけて考えはしなかったが、その後の雪穂と合わせて考えたとき、「彼女と深く関わった人間は」「皆何らかの形で不幸な目に遭っている」（同、五三九頁）という洞察をもつに至る。

笹垣は、終盤に至って一成に向かって真相を語るなかで、中学時代の藤村都子と大学時代の川島江利子レイプ未遂事件に関連して、「魂を奪う」という表現を用いる（同、七九二頁）。雪穂にとってのライバル、または都合が悪い人間の生きる意欲を奪ってしまうことを指している。

都子に関しては、彼女が雪穂の子供時代の事件を噂《うわさ》しないように口封じするのが目的、江利子に関しては、御曹司・一成とハッピーエンドになるのを妨《さまた》げるのが目的であった。

それともう一件、雪穂と結婚した篠塚康晴（一成のいとこ）と前妻との間の娘である美佳も、亮司にレイプさせ（この場合は本当にレイプ）、自分に対して反抗的な態度を示さないようにさせた。そのような意味で「魂または心を奪った」のだ。

ちなみにIが「東野圭吾がよく使うかっこいい表現」だと思ったのは、「かぶりをふる」と「踵《きびす》を返す」という表現であるそうだ。特に東野の特徴だとは思えないので、とりあえずやり過ごした。

『白夜行』の時代と社会

雪穂と亮司とほぼ同じ世代の私にとっては、一九七〇年代から九〇年代にかけての社会的背景に対する言及を興味深く感じた。

作品の二頁目に「三月に熊本水俣病の判決がいい渡され、新潟水俣病、四日市大気汚染、イタイイタイ病と合わせた四大公害裁判が結審した」とある。すると、物語の始まりは一九七三年。雪穂と亮司は小学校五年生、十一歳である。

作品世界が進むにつれて、社会的事象も時を進めてゆく。

一九七〇年代、インベーダーゲームが大流行し、喫茶店にもゲーム機があった。学園紛争で多くの高校で制服が撤廃。私の母校、新潟県立長岡高校でも一九七二年に制服が廃止されている。第四次中東戦争（一九七三年）を引き金としてオイルショックが勃発《ぼっぱつ》し、それによって日本では高度経済成長の時代が終結、石油高騰に対する不安からトイレットペーパーや洗剤の争奪戦があった。江崎玲於奈《えさきれおな》がエサキダイオードを発明し、一九七三年にノーベル物理学賞を受賞した。同じ年、プロ野球で巨人が九連覇し、翌年には巨人黄金時代を支えた長嶋茂雄が引退した。

一九八〇年代、パソコンがマニアの間で使われはじめた。パソコン通信というものも始まった。フロッピーがデータ保存のために使われていた時代だった。女性の間ではアイドル歌手・松田聖子の髪型が大流行し、誰も彼もが「聖子ちゃんカット」にした。銀行はすでに数年前からキャッシュカードを導入していたが、人々が使い方に慣れるには時間がかかった。この作品のなかでも犯罪の手口に使われる。一九八五年、任天堂から「スーパーマリオブラザーズ」が発売された。これも作品中の犯罪で一役買う。同じ年、日本航空ジャンボ機が群馬県の御巣鷹山（通称）に墜落し、五二〇人もの死者を出した（この事故で雪穂の結婚相手の康晴の前妻も亡くなったという設定になっている）。

一九八七年、巨人軍投手の江川卓《すぐる》が引退。相撲では、一九九〇年代前半、若貴兄弟が活躍した。一九八八―八九年、「東京・埼玉連続幼女誘拐殺人事件」が起こる。犯人は宮崎勤。

二〇〇八年に死刑が執行された。

一九九〇年代前半、バブルが弾ける。

『白夜行』に描かれる時代はこんな時代だ。「懐かしい～！」と思うのは私だけで、学生たちは生まれる前のことを「知らな～い」と言い、関心を向けない。

しかし宮崎勤事件は『白夜行』と深い関連がある。バラバラの糸がひとつの絵を描きはじめるころ、笹垣は亮司の母親の弥生子が経営するスナックを訪ねて言う。「おたくの旦那の趣味の話」を「事件直後に聞いてたら、捜査の内容は一八〇度変わっとった」（『白夜行』八三七頁）と。「幼女趣味」または「小児性愛」は宮崎事件以前の日本ではあまり知られていなかった。そのような事件が報じられたという記憶はない。

宮崎は、自分に対するコンプレックス（性器が異常に小さかったらしい）から成人女性を相手にする勇気がなくて幼女を代わりにしたのか、もともと成熟していない女性に性欲を感じていたのか、死体もしくは意識がない状態の女性に性欲を感じたのか（前者なら死体性愛）、人を殺すことに快感を覚えたのか、生身の女性よりも写真やビデオのなかの女性に性欲を感じたのか。ひと口に「幼女趣味」といっても、様々な側面がある。

要因についても複雑なものがあろう。宮崎の場合、幼少の頃、知的障害をもつ手伝いの男性と祖父の手で育てられたことに原因があるのか。幼児期に性的嫌がらせを誰かから受け、それがトラウマとなって正常な性関係をもつことが不可能になったのか。自分を相手にしない世間への反撃だったのか。

雪穂は子供の頃、実の母親によって売春させられた。顧客のひとりが亮司の父親の洋介であった。偶然現場に遭遇した亮司は持っていたハサミで父親を刺し殺す。図書館で互いの孤独を慰め合っていた雪穂にいやらしい行為をしている父親を見たとき、亮司の心に吹き荒れたであろう嵐は何だったのか。雪穂をかわいそうに思う気持ち、大好きだった父親に対する深い失望、大人の男の性欲に対する嫌悪感、十一歳の女の子を性の対象とすることに対する驚き、そんなものがないまぜになった嵐であったであろう。

性体験のまだない亮司は、確信をもってその光景の意味を把握することはできなかったかもしれない。それでも、大変忌《い》まわしいことが行われているということを本能的に察知したのであろう。大好きな父がくれたハサミで大好きな父を殺さなければならないことの悲しみ。それは濁流となって彼の心の奥深くを流れつづけたはずだ。

先の三人の学生には、雪穂が南青山にブティックを開いて成功させるのがバブル景気を背景としていることに関連して「小説の社会的背景」、雪穂が身にまとう白いスーツがいかにもバブリーな感じなので「白いスーツの表象」、そして「幼女趣味」に関してさらに発表するよう命じた。これらについては、Mが発表を担当することになった。

発表当日、Mは「幼女趣味」が認知されるきっかけとなった事件として「児童性愛連続殺人鬼ウェストリー」なるものをスライドに載せていたが、いったいどこの国の何者で具体的に何をしたのやらまったく調べていない。おそらくインターネットで「幼女趣味」を検索し、出てきたものをそのままスライドに載せたのであろう。そして「バブル期のファッション」として写真を四枚。一切解説はなかった。「白いスーツのイメージ」は「純粋や無垢《むく》」「正義」「潔白」「自己主張」「人生をリセットしたいとき」だそうだが、肝心な雪穂との関連についての説明はなし。

残念ながら、Mの発表はあらゆる面で考察に欠けており、めぼしい内容は聞けなかった。

三年生Rは「白いスーツ」に関して山のような質問をコメント・ペーパー（毎週、授業終了時に提出させる）に書いていた。白いスーツのイメージは具体的なシーンとどう関連しているのか、自己主張とは何なのか、根拠はあるのか、雪穂と美冬（『幻夜』の登場人物）が白いスーツを着る共通の理由は何か、バブル時代のファッションを見せてくれたが、それは小説のなかで実際に登場するのか……等々である。

私は授業では、ふたりがいつも白いスーツを着ているかのように言ってしまったが、実は雪穂は最後の場面――ブティックの支店を大阪にオープンさせるとき――にしか着ていない。一方、美冬は、私が数えた限りでは、白いスーツを三回、白いツーピースを一回着ている。

スーツというのは、社会に立ち向かい、社会において自分の立場を確固たるものにしたいとき、社会に向かって「自分はきちんと仕事をするつもりですよ」と宣言したいときに着るものだ。女性国会議員はひと頃カラフルなスーツを着がちであった。「きちんと仕事をするつもり」ではあるが、暗い色のスーツの群れのなか「私は女性の視点から発言します」という意思表示だったような気がする。

白はどうか。白いスーツは夏でなければめったに見かけない、また、夏であってもめったに見かけない、特別な服だ。まさに自分は特別だと表明する服である。私は人生において白いスーツを買ったことは一度もないし、買いたいと思ったこともない。汚れるし、目立つし、膨張して見えるし。それでもあえて白いスーツを着る人は、「見て、私はここにいるのよ、この特別な私が」と叫んでいるのである。

そういう意味で「人生をリセットする」に近いかもしれないが、三年生Mが疑問に思っていたように、人生をリセットしたいときとは具体的にどんなときなのか。たとえば、政治家がスキャンダルを起こし、マスコミの前で「心を入れ替えてまた国民の皆様のお役に立ちたい」と言うとき、白いスーツは着ない。たいてい黒か紺だ。何だかんだ考えると、やはり新しいブティックを始めるときにふさわしい。新しいスナックでもよい。

『幻夜』／学生Aの発表〜美冬と『白夜行』の雪穂は同一人物か

次に三人目の学生Aが『幻夜』について発表した。

『白夜行』も『幻夜』も、視点人物が次々と入れ替わることによって、ひとつの出来事が複数の視点からとらえ直され、徐々に真相が明らかになるという形式をとるが、『白夜行』においては雪穂と亮司が、『幻夜』においては美冬が視点人物となることはない。そのため、読者は主人公以外の人々の視点を通して事件の本質と主人公たちの心情を想像しながら読み進めていくことになり、結末に至ってもなお、主人公たちが本当は何を思っていたのか、一〇〇％明らかにはならない。

『幻夜』においてヒロインは、一九九五年の阪神・淡路大震災のどさくさに乗じて新海美冬という別人になりすます。この辺の経緯をまとめると次のようになる。本物の新海（以降、本物を新海、偽物を美冬と呼ぶ）は京都の三条で生まれ育つ。西南女子大学を卒業後、家具のショールームＷＤＣに就職するが、退職。南青山のブティック「ホワイトナイト」に転職する。ホワイトナイトは以前の店舗名のとき都内に三店舗出店、大阪にも進出するほど成功していたが、バブル崩壊によって経営が苦しくなり、名前をホワイトナイトに変えて巻き返しをはかろうとするも倒産。

新海はその経営者の女性(美冬になりすます人物=雪穂)を尊敬しており、彼女のマンションに居候していたときもあった。そこから以前のマンションの隣人に年賀状を送っている。新海はその経営者と一緒に外国へ行った。帰国して、両親(父親は会社の不正の詰め腹を切らされて早期退職)が住む西宮のアパートに美冬を連れていった。その翌日に震災にあう。両親は死亡。新海も死亡。

『白夜行』の雪穂と『幻夜』の美冬が同一人物だとすると何がその証拠になるのか、ふたつの作品の間の時間は何によって埋められるのか、なぜ雪穂は美冬になりすましたのか、Aにしつこく聞いたところ、苦労しながら答えてくれた(ことさら突っ込むつもりだったのではなく、単に読んでから時間が経っていたので、詳細を忘れていた。その後、本稿を書くために読み直した)。

Aが雪穂と美冬が同一人物であることの証拠として挙げたのは、ふたりともロイヤルミルクティーが好きだ、『風と共に去りぬ』が好きだ、ホワイトナイトが白夜を意味する、という点。

ちなみに雪穂がロイヤルミルクティーを飲んだ場面はない。その代わり、『白夜行』では亮司に利用される薬剤師の栗原典子が一回飲む(『白夜行』七五〇頁)。雪穂は家庭教師の中原正晴のためにダージリンをいれ（同、二四七頁）、ミルクティーを一回（同、二九二頁）喫茶店で飲む。最後の場面では篠塚家でミルクティーが供される（同、八二〇頁）。『幻夜』では、美冬が二回、美冬が結婚した秋村隆治の姉の頼江が一回、ロイヤルミルクティー（もう一回はミルクティー）を飲んでいる。

『白夜行』において、雪穂も亮司も『風と共に去りぬ』を小学生の頃、図書館で借りて読んでおり、のちにそれを発見した笹垣にとって事件の謎を解く鍵となった。『幻夜』においては、新海が西南女子大の卒論を『風と共に去りぬ』で書いている。新海が美冬に憧れたのは、美冬がスカーレット・オハラのように美しく、気丈で、野心的で、人生の艱難《かんなん》辛苦をものともせずにグイグイ前に進んでいく、そんなところに共通性を見出《みいだ》したのであろう。

「ホワイトナイト」が『白夜行』における「R&Y」のバブル崩壊後の店名であってもおかしくない。

三年生Sは、「東野圭吾は読者に完全な答えを与えず、それぞれが想像できるように物語を作っている。回収しやすい伏線もちりばめられているし、先輩たちのプレゼンもわかりやすいので、作品を読んでいない僕でも入り込むことができた」とコメントを寄せた。

東野圭吾自身が「『白夜行』の世界をもう一度蘇《よみがえ》らせたいと思ったことは事実」だが、「この作品についてはあまり語り過ぎない方がいいと思う(1)」と言っているように、ふたつの作品の連続性は示唆されながらも絶対的な関連は明示されない。

私がAに詰め寄ったために、学生たちも次々と疑問を寄せた。三年生Nは、「雪穂は美冬の名を借りて様々な悪事を行うのだから、美冬（新海）のことを好きであるはずがない。ふたりの関係性をさらに詳しく知る機会がくることを楽しみにしている」とコメントしていた。

ふたりはなぜ外国に行ったのか、また、バルブ崩壊とのタイミング的な関係性は何かという疑問の声をあげた学生もいた。その通り、バブル崩壊が重要だ。小説のエンディングの向こう側で、雪穂はバブル崩壊の荒波に抗《あらが》いながらブティックを存続させようと努力していたようだ。雪穂の本質に気がついた康晴は雪穂から離れることを決意したのかもしれない。外国で英語にさらに磨きをかけるか、新しい品物を仕入れて新しい店を開くかするために、雪穂はかつての部下の新海を誘って渡航したのであろう。「人生をリセットする」ために、『幻夜』では白いスーツを要所要所で身にまとい、より一層悪女ぶりを徹底していく。

『幻夜』と『砂の器』の「なりすまし」～美冬（雪穂）が求める愛とは

美冬として生きるということは、雪穂がこの世からいなくなったということである。戸籍の偽造(2)というと、松本清張の『砂の器』が思い浮かぶ。主人公の本浦秀夫はハンセン病（当時は大きな偏見の目で見られていた）の父千代吉とともにお遍路の旅に出る。ふたりは島根県の亀嵩《かめだけ》に辿り着き、親切な巡査三木謙一に出会う。三木は千代吉を療養所に入れ、秀夫を我が子のようにかわいがるが、秀夫は三木のもとから逃げ出す。大阪で空襲にあい、その際の戸籍消失に乗じて和賀英良《わがえいりょう》と名乗る。長じて東京で音楽家として大成功をおさめる。

成長した秀夫が政界の大物と一緒におさまった写真を偶然目にした三木は、東京に秀夫を訪ねる。行方知らずとなっていた秀夫の大成を知った三木は、秀夫の無沙汰を責めることもなく、喜んだ。しかし秀夫は和賀英良として獲得した名誉と地位を守るため、自分の過去を知る人物・三木を蒲田操車場で殺すことになる。

秀夫は父がハンセン病であったことを隠し新しい生を生きるために戸籍を偽造した。しかし雪穂が美冬になりすます動機は何なのだろうか。『白夜行』においてなされた犯罪はすべて亮司が行ったものだ。刑事の手が雪穂に伸びたとしても、亮司自身が死んでしまった以上、犯罪として立件することは難しいだろう。雪穂としての人生を捨て去り、美冬として生きることを必然とする動機づけが見えてこない。

そのうえ『砂の器』の時代とは異なり、他の人になりすますのはかなり難しい。震災後行方がわからなくなった新海を捜し出そうとしたのが、父親の会社の後輩である曽我だけであったのは幸運である。新海の父親が会社の不正の犠牲になってひっそりとした余生を過ごさなければいけなかったことも、美冬にとっては良い方向に働いた。

でも不思議なのは、新海が人とコミュニケーションをとるのが異常に苦手で引きこもり状態であったということがない限りは、ひとりくらいは親友と呼べる人がいて、震災後にひとり生き残った新海を心配して、行方を捜そうとするのではないかということだ。また、たとえ新海の両親が両方とも一人っ子であったとしても、誰か親戚がいて、新海の身を案ずるであろう。インターネットの時代であるから、「新海美冬」と打ち込めば、会社経営者となった美冬の名前は容易に発見されるであろう。それなのに曽我だけなのだ。写真をぜひ渡したいと思い、新海を捜し出したのは。

このように、『幻夜』のストーリー展開に穴を見つけようとすると切りがない。二〇〇四年下半期第一三一回直木賞の選評(『幻夜』は落選)で、平岩弓枝が『幻夜』に関して言っている。「主人公が何故、本当の自分を抹殺し、他人に化けて生きねばならなかったかという主人公の過去が殆んど書かれていない。その理由はこの作品がすでに作者が発表されているもう一つの続篇の要素を強く持っているから(3)」。

『幻夜』を『白夜行』の続篇としてみてもなお説得力がないのだから、『幻夜』単独でみたときにはなおのこと意味不明になる。同じ選評で井上ひさしは「あるところまで登りつめたとき、女は、突然、作者の奴隷になってしまう」、津本陽は「軽い感じ」と言う。『幻夜』に先立ち、一九九九年下半期には『白夜行』が第一二二回直木賞の候補になっている（『白夜行』は落選）。そのときの選評では、「諸人物たちの彫りを浅くもした」（井上ひさし）、「二人の主人公に人間の匂いがしない」（黒岩重吾）、「より深く誠実に、主人公の内面に分け入り、踏みこんで書くべきではないか」（渡辺淳一）、「血の通っているとも思えない人物たちが動きまわって」いる（津本陽）[4]などの意見があがった。

確かにそうなのだ。しかし、それにもかかわらずこのふたつの作品に胸打たれるのはなぜなのだろうか。雪穂と美冬が人をバッサバッサとなぎ倒しながらグイグイ前に進んでいく姿には悲哀がある。痛々しいくらいだ。大きな器をもった男性が「もう頑張らなくていいんだよ」と優しい言葉をかけてあげたら、崩れ落ちてしまいそうなはかなさといじらしさがある。このはかなさといじらしさはどこから来るのだろう。

四年生Rは「三人の発表を通して、A君が一番説得力のある発表ができていた」と言っていた。

確かに、Aは朴訥《ぼくとつ》とした口調で自信なさげに話していたが、作品に対する愛が感じられた。とりあえずまとめてしまおうなどと思わずに、自分の疑問を率直にぶつけていた。Aの作品に対する愛とは、担当した『幻夜』のヒロイン美冬に対する愛でもある。

ここからは、私がその愛を引き継いで、『白夜行』と『幻夜』の特色をえぐり出そう。直木賞選考委員の面々の悪口を覆し、なぜ東野圭吾は日本の読者の心を打つのか、その理由を解明しようではないか。

学生たちはしばしば「真実の愛とは何か」とか「お金か愛か」という疑問を聴衆に投げかける。たいてい、学生たちから気の利いた答えは返ってこないから、結局は「先生はどう思いますか」と聞いてくることになり、大変困る。個人的な恋愛のエピソードを披露しないといけないから困るというよりは（学生たちを前にして赤裸々に語ることはやぶさかではない）、質問が単純すぎるのだ。お金と愛とどちらか選ばなければならないなんて、現代社会においてめったに遭遇する状況ではない。親兄弟まで養わなければならず、借金に追われ、米櫃《こめびつ》には一粒の米もなく、道端の草をむしって食べるほどの貧乏は半世紀以上前までの話である。今は、夫婦ふたりで働けばある程度の生活は維持できる。お金のために好きでもない男のもとに嫁ぐ必要はないのだ。

今回はあらかじめ「私に聞くなオーラ」を発していたので、私には聞いてこなかったが、案の定、「これは真実の愛か」という疑問を投げかけ、誰からも応答がなく、教室に問いかけが虚《むな》しくこだましていた。「真実の愛」かどうかということではなく、ここに描かれている愛とは何なのか、これが問題なのだ。この愛が、そしてこの愛を求める雪穂（と美冬）が切ないのである。

『白夜行』における移動する視点

雪穂と亮司、また、美冬の心は意図的に描かれないが、東野圭吾の小説全般において心理描写は大きなウェイトを占めない。ストーリーを主とするのが東野の特色である。その分、読者の想像がかきたてられることになる。言葉を費やして説明されないからこそ、その愛の深さに胸打たれるのである。

この項では、東野圭吾が主人公の内面を描く代わりに語りの視点を移動させ、その移動する視点を通じて外側から埋めていき、そして最後に思いがけない闇を引きずり出す、その独特の手法について考察する（246ページ、補遺(1)参照）。

『白夜行』において認識の主体は場面ごとに入れ替わる。第一章は「近鉄布施《ふせ》駅を出て、線路脇を西に向かって歩きだした」という文章から始まる。この時点では、この小説が一人称で書かれるのか三人称で書かれるのか、三人称だとすると全知の視点なのか特定の登場人物の視点なのか、判別はつきがたい。次の文章は「十月だというのにひどく蒸し暑い」。この感想を漏らしているのは誰なのか。前文と同じく、一人称と三人称、どちらの可能性もありうる。

この段落には文章があとふたつ続くが、人称、視点、主人公のどれも明確にはならない。

次の段落の最初の文章は「笹垣潤三《ささがきじゅんぞう》の足取りは、決して軽いとはいえなかった」（以上、『白夜行』五頁）。ここにおいて読者にはこの小説が三人称の視点から語られているということ、描写されている対象が笹垣という男だということがわかる。

その後、笹垣がこの事件を担当している刑事だということもわかる。ストーリーは彼の視点から語られ、読者は彼が目にしたことや彼が考えたことを共有することになる。三人称の視点ではあるが、すべての登場人物の心の内を知っている全知の視点ではなく、笹垣が見聞きしたことと彼の心情にのみアクセスできる限定的視点である。

限定的視点を用いた古典的名作はヘンリー・ジェイムズの『メイジーの知ったこと』（一八九七年）である。メイジーの両親は離婚し、ふたりとも新しい恋人を得て再婚する。父親と母親の家を行ったり来たりする運命を背負わされたメイジーの視点から、すべてが描かれるのだが、その無垢な眼差《まなざ》しがあぶりだす大人たちの世界は、自分本位で策略に満ち穢《けが》れた世界として立ち現れる。

『白夜行』においては笹垣の視点によってすべてのストーリーが語られることはなく、第一章の最終場面で早くも笹垣は退《の》き、田川敏夫という人物が新たな視点人物となる。しばらく読むと田川が不動産屋だということがわかる。彼がスポーツ新聞を閉じたとき、雪穂が店のガラス戸を開け、アパートの鍵を貸してくれと言う。雪穂の部屋を開けた田川は、雪穂の母親文代の死体を発見することになる。

読者としてはその後の顚末《てんまつ》が大いに気になるが、文代の死がどのように処理されたか、また、雪穂がどうなったか語られることはなく、第二章の冒頭場面では秋吉雄一が視点人物となり、まったく別の場所の別の人々に話が移ってしまったような印象を与える。舞台となっている清華《せいか》女子学園中等部が第一章の事件とどんな関係があるのかわからない。しばらくすると、秋吉が構えるカメラの被写体として雪穂が登場する。そういうことかと納得はするが、なぜ雪穂がここにいるのかという新たな疑問が生ずる。

第一章の視点はかなり長く笹垣であったが、第二章の視点は短いスパンで移動する。次は雪穂の親友の川島江利子だ。江利子と雪穂との会話のなかから、雪穂は母親が死んだあと、茶道と華道の教授の唐沢礼子のもとにもらわれていったことがわかる。

次の視点は国語の女性教師である。授業が終わると雄一、英会話塾の帰りに藤村都子が服を脱がされ倒れているのを発見するときは江利子、刑事たちの尋問を受けたときは雄一、都子の見舞いに行くときは江利子——視点人物は次々と入れ替わる。

視点が雪穂になることはない。他の人々が描写する雪穂は、猫のような目が魅力的で、同級生たちがいつも彼女の周りに群がり、近くの中学校の男子学生が盗撮しに来るくらいの美貌の女子学生として映し出される。非の打ち所がない。

補遺(1)　『白夜行』における移動する視点

章	視点人物	語られる内容
一	笹垣潤三(刑事)	質屋・桐原洋介殺害事件とその捜査
	田川敏夫(不動産屋)	西本文代の死
二	秋吉雄一(中学生)	雪穂の盗撮
	川島江利子(中学生)	西本雪穂が唐沢礼子のもとにもらわれた経緯
	国語の女性教師	荒れた教室／雄一と牟田俊之
	秋吉雄一	俊之と盗撮写真の受け渡し／菊池文彦が桐原亮司の母と質屋店員・松浦勇の写真を亮司に見せる
	江利子	藤村都子が倒れているのを雪穂と共に発見
	雄一	都子の事件の捜査状況
	江利子	事件に関して雪穂と会話
	雄一	刑事が文彦に嫌疑をかける
	江利子	雪穂と一緒に都子を見舞う
	雄一	文彦の嫌疑が晴れる／俊之の怒り
三	園村友彦(高校生)	亮司主宰の乱交パーティー
	西口奈美江(銀行員)	亮司の部屋
	友彦	花岡夕子との情事／彼女の死／亮司がコンピュータゲームのプログラム会社「無限企画」を立ち上げる／亮司による夕子の死の後始末
四	中道正晴(雪穂の家庭教師)	雪穂の生い立ちに対する興味／大学の研究室で作ったコンピュータゲーム「サブマリン」盗用される／不動産屋・田川を訪問
五	江利子(大学生)	雪穂と一緒にソシアルダンス部入部／篠塚一成と急接近
	篠塚一成	江利子のレイプ未遂事件
	江利子	雪穂の見舞い
六	友彦(大学生)	亮司による銀行キャッシュカード偽造／奈美江による不正送金／榎本宏の横領／奈美江の死
七	高宮誠(会社員)	派遣社員の三沢千都留に好意
	三沢千都留	誠に好意
	誠	雪穂との結婚準備
	千都留	送別会
	誠	結婚式前日／千都留への思い／2年前に雪穂堕胎
	千都留	北海道帰郷前にホテル泊
	誠	千都留のホテルで待つも会えない
八	友彦	パソコンショップ／亮司と金城／恋人の中嶋弘恵／スーパーマリオブラザーズ海賊版／松浦が亮司を訪ねてくる／亮司失踪／笹垣が店に現れる

九	誠	プログラム流出／雪穂の株投資／ブティック経営／ゴルフ教室で千都留と再会／雪穂と喧嘩
	弁護士	雪穂が夫の暴力に関して相談にくる
十	今枝直巳(探偵)	ゴルフ練習場で誠に遭遇／3年前の調査(メモリックスの秋吉雄一が千都留を尾行し、ゴルフ教室へ)／誠の妻となった千都留と一成とに出会う／一成が今枝の事務所を訪問し、いとこの康晴と雪穂との結婚に関して相談する／雪穂のブティックに菅原絵里と潜入／大阪で雪穂の学生時代の同級生・元岡邦子に取材
	江利子(人妻)	今枝の訪問／雪穂に対する疑惑
十一	今枝	一成に雪穂に関する調査報告／疑惑／絵里の電話に盗聴器／笹垣が訪問／松浦失踪と亮司の行方／誠と千都留を巡る雪穂の策略に思い至る／帰宅後トイレで違和感
十二	栗原典子(薬剤師)	雄一(亮司)との同棲生活／彼との偶然の出会いを回想
	一成(篠塚製薬役員)	康晴から雪穂の母が倒れたと聞く／今枝の失踪
	典子	亮司のために青酸カリ準備
	一成	笹垣の訪問／今枝失踪に関して／雪穂に関して
	典子	亮司と大阪へ
	一成	雪穂の母の葬式
十三	笹垣	絵里が今枝の事務所に住む／刑事・古賀久志と19年前の事件回想
	典子	かつての見合い相手である藤井から、亮司が典子をつけていたことを知る
	篠塚美佳(康晴の娘)	継母になった雪穂
	笹垣	一成の出向先へ／事件回想／発見者の菊池道広の証言再考／『風と共に去りぬ』を媒介として雪穂と亮司が友達であったことを発見／中学時代の事件再考／一成出向の原因／帝都大薬学部コンピュータからの侵入
	美佳	留守番中にレイプされる
	典子	笹垣の訪問／質屋・桐原の写真によって雄一が亮司だと判明
	美佳	雪穂が夜、寝室を訪れる
	笹垣	一成と共に康晴宅訪問／真相暴露／庭のサボテンに松浦のサングラスの破片
	浜本夏美(雪穂の店の店員)	ブティックR&Y大阪1号店オープン準備
	桐原弥生子(亮司の母、スナックのママ)	笹垣の来店／亮司が高校の卒業式の日に家を出たこと／洋介の幼女趣味／亮司が事件の日に屋根伝いに家から出ていったこと
	笹垣	R&Y開店セール／事件の真相／亮司自殺

しかし、洞察力に富んだ読者はすでに第一章の時点で、雪穂がすさんだ家庭環境に育ちながらも品と知性を備えていることを彼女の並々ならぬ野心の土壌と捉え、その後のストーリー展開を看破しているかもしれない。または第二章で、都子が倒れているのを偶然発見したのが雪穂であったことを不審に思ったかもしれない。または第四章で、雪穂に興味をもった家庭教師の中道正晴が田川に会いに行ったとき、雪穂が母親の死体を見つけたとき妙に醒《さ》めていたという田川の観察を耳にして、葬式では礼子の前でわあわあ泣いたという話と矛盾することに違和感をもった（同、二三六頁）、正晴のこの不信感を見逃さない読者もいるかもしれない。

正晴自身は、母の死について語りながら雪穂が流した涙を見て、自分がおぞましい想像をしていたことを恥じ入るのであった（同、二五二頁）。正晴の視点を共有する読者は、彼と同様に雪穂を不幸な過去を背負いながらも健気《けなげ》に頑張る女性だと思うか、または、彼女をますますしたたかな女性だと思うか、どちらかであろう。

視点人物が次々と入れ替わることによって、小説世界は点描の連続によって成立する世界となる。点の連続は最後まで線にならない。

『白夜行』における刑事笹垣の視点

『白夜行』が笹垣の視点から語られたとするとどうなるであろうか。最終章における、元後輩刑事の古賀と交わした捜査の進展についての会話、一成に対する真相説明、亮司の母親が経営するスナックでの彼女とのやり取りと、それに対する彼の心の内――これらを総合して、笹垣が事件の核心に辿り着いたプロセスを時系列に沿ってまとめると次のようになる。

① 事件直後、捜査本部では交通事故で死んだ寺崎忠夫が犯人だという意見が強かったが、笹垣は違うと主張する。洋介がもっていた一〇〇万円が見つからないのが理由である。

② 文代は事故死ではなかった。ふだん飲まない酒を飲み、風邪薬を通常の五倍以上服用していたことは、雪穂の証言で妥当だとされたが、事故死に見せかけるために雪穂（と亮司）が偽装したのではないか。母親が事故死なら世間の同情をひくが、自殺となると色眼鏡で見られるからだ。雪穂は養女に出たかったのだ。

③ 現場に残されていたのが子供の運動靴の跡だけであったという事実が重要視されなかった。

④ 寺崎が死んでから一カ月ほど経ってから、死体を発見した菊池道広の調書を読んでいて変だと思った。現場で、がらくたやブロックが邪魔で（内開きの）ドアが開かなかっ

た。当時は、ドアをまったく開けることができなかったのか、人が通れる程度には開けることができたのか、曖昧であった。一年後、少年に話を聞くと、全然開けられなかったと言う。

⑤ 雪穂が犯人ではないか。彼女はその日、現場近くの図書館に行っていた。しかし、ダクトを這《は》い回るのは女の子には難しい。

⑥ 亮司が父親を殺したという結論に達する。質屋を訪れると、『風と共に去りぬ』が置いてあった。雪穂と亮司が偶然同じ本を読んでいた。図書館で聞いてみると、ふたりはよく一緒に本を読んでいたそうだ。また、亮司は切り絵を作っていたそうだ。しかし、彼が父親を殺す動機がわからない。

⑦ 中学三年のときの事件に関して、容疑者（菊池文彦、道広の兄）が高校生になってから聞いた。彼のアリバイ証言をしたのが亮司。そもそも菊池が疑われたのは現場に彼のキーホルダーが落ちていたから。また、アリバイになった映画の特別優待券を菊池の母親にあげたのは品の良い女の子。雪穂だと思われる。雪穂に対抗心をもっていた都子を黙らせ、亮司の事件当日のアリバイを崩す写真を持っていた文彦に恩を着せるという、互いの目的を同時に果たした。

⑧ 五年前、洋介の幼女趣味について弥生子から話を聞いた。

⑨　昨夜の弥生子との話から、事件当日、亮司が二階から屋根伝いに外に出ていったことを確信した。
⑩　クリスマスの日、雪穂のブティック大阪一号店オープン。亮司が現れるのを待つ。

事件からすでに十九年たっており、上記の⑦と⑧との間には十四年の歳月が存在することになる。⑧において事件の発端と動機がようやく明らかになった。③と④において、現場には子供の足跡しかなかったこと、ドアを出てから内側に物を置くことはできないためダクトを伝って外に出るしかなかったこと——このふたつの理由によって、あの現場に立ち入ったのは子供だけであったと確信した笹垣ではあったが、雪穂や亮司に桐原洋介を殺す動機が見当たらない。このふたつの謎が長い間彼の前に立ちはだかっていた。捜査が進展しなかった十四年間にも笹垣は松浦の行方を捜したりはしているが、特に大きな動きは見られない。

それゆえに、笹垣をストーリー全体の視点人物とすると、笹垣が関わっていない事柄——都子のレイプ未遂事件、亮司によるゲームソフトの盗用と銀行キャッシュカードの偽造、夕子の死の隠蔽《いんぺい》、江利子のレイプ未遂事件、雪穂と誠の結婚と千都留《ちづる》との関係、今枝による調査、松浦と今枝殺害、亮司と典子の関係、雪穂の再婚、雪穂の母の死、美佳のレイプ事件、その他——を語ることができない。ということは、雪穂と亮司が結託して行った犯罪、または犯罪に近いものは何ら語られることがない。

笹垣は大阪で起きた十九年前の質屋殺しを捜査しているのであって、雪穂と亮司がいかに「自分たちの魂を守ろうと」していたかは彼の捜査対象ではない。彼らのプライベートな生活を観察する権利はないのである。そこにいちいち笹垣が顔を出していたら胡散臭《うさんくさ》い。ストーリーとしての整合性がなくなる。とにかくあらゆる観点からありえない。異なる視点が折り重なることによって、初めてこの小説世界が構築されるゆえんである。

点描の連続としての『白夜行』『砂の器』『人間の証明』

読者はパズルのピースを次々と与えられる。別々に進行しているかのように見える亮司と雪穂の人生の交錯する模様は少しずつ明らかにされていく。雪穂のまわりで起こる一連のレイプ事件、誠と千都留のすれ違いと偶然の再会、母の死、さらに株投資での儲《もう》けも、亮司の企みによるものだということが推察される。

一方、雪穂もパソコンゲームやデータの盗用、夕子の死の後始末、偽造キャッシュカードを使っての出金などの手助けをしていたと思われる。

つながりがないかのように見える場面が投げ出されるたびに、読者のドキドキ感は高まり、脳はフル回転し、「もしかしたら」「まさか」と呟《つぶや》く。そして、点が線となり、ランダムなピースたちが一個の巨大なジグソーパズルを形成し、カメラが特定の人物に焦点を当てるとき、「やっぱり」または「え〜意外」という声を発する。

この手法は、先に戸籍偽造に関連して言及した、松本清張の『砂の器』に大変よく似ている。主人公の心情を直截的に描く代わりに一連の出来事を通じて徐々に浮かび上がらせる手法である。「これこれこんな理由でこの人が憎いから殺してやる！」という犯人の心情説明はなく、「こんな事情があったんだから、こんなことをするのもわかるような気がする」と思わせる出来事のみを提出するやり方である。

『砂の器』は、蒲田のトリスバーでハイボールを飲む謎のふたりの男と、その翌朝の蒲田操車場での死体発見に始まるが、刑事今西栄太郎の捜査と推理をひとつの縦糸としながらも、「ヌーボー・グループ」と呼ばれる新進芸術家のグループのひとりである作曲家和賀英良と、その婚約者で政治家田所重喜の娘田所佐知子、同じグループに属する評論家関川重雄とその愛人三浦恵美子、夜汽車の窓から「紙吹雪」を撒《ま》く前衛劇団の事務員成瀬リエ子、さらには今西の家庭生活、今西の妹のアパートの話などが入り交じる。

序盤で、事件解明の唯一の手がかり「カメダ」を指していると思われた秋田の羽後亀田《うごかめだ》での聞き込みの帰りに、今西と後輩刑事の吉村がヌーボー・グループの一団と出会ったことが語られるが、一見本筋とは関係のない出来事のすべてが、そのうち大きなひとつの絵の一部になるのではないかと読者は推理を働かせる。

事件とは関係ないように見える和賀がなぜかたびたび登場する。和賀は怪しい匂いを放つが、事件の動機と背景は依然としてまったくの謎である。『白夜行』同様、凡人にはそう簡単に察しはつかない。しかし今西の執念と慧眼《けいがん》は、普通は見落とすだろうほんの小さな穴から解明の糸を手繰《たぐ》り寄せていく。

そして、『白夜行』において、最後の数ページで笹垣の視点を通して事件の底に潜む十九年前の闇が暴き出されたように、『砂の器』においても、長く地道な捜査の果てに今西の眼前には「初夏の亀嵩街道」を歩く「親子連れの遍路乞食《こじき》(5)」の姿が映るのであった。事件とその発端である和賀の過去は、警視庁捜査一課の会議室で今西によって語られる。その長い話の後、場面は一転し、アメリカに向けて羽田空港から旅立とうとする和賀と彼を見送る佐知子たちに変わるので、一層今西のスピーチは心に残るよう仕組まれている。

一九七四年版映画（野村芳太郎監督）で今西役の丹波哲郎が太く伸びる声で朗々とまた切々と語る場面は出色である。二〇〇四年にＴＢＳ系列で放映されたテレビドラマで今西役は渡辺謙であった。渡辺も役者の力量が試されるこの場面を見事に演じ切っている。

このドラマにおいて和賀は新曲「宿命」を作曲しながら、幼少期に父と歩んだいつ果てるともない旅の道程を脳裏に思い浮かべるので、その曲の音色とも相俟《あいま》って、視聴者は言葉では表現されない和賀の苦悩を共有するよう促される。和賀を演じたのは中居正広であるが、悲壮と絶望、また同時に幼少期への郷愁を表現する彼の眼《め》の演技は見事だった。

しかし、原作において和賀の苦悩はまったく描かれないのだ。ドラマにおいては度重なるいじめに精も魂も尽き果てた秀夫が、亀嵩の三木巡査のもとから意を決して逃げ出したとされるが、原作では「放浪癖」として簡単に片づけられる。ハンセン病の父をもった自分の過去が露見するのを恐れて三木を殺さざるをえなかった和賀、彼を苦しめたであろう後悔や恐怖、心に去来したであろう幼少期の思い出や望郷の念——こういうものが原作では一切描かれない。

一九六一年の出版当時は、家族にハンセン病患者をもつことの恐怖とそれに対する根深い差別、また、戸籍も出生の秘密も焼き尽くした大阪大空襲のすさまじさ——このような少し前の日本の過去の圧倒的な社会的現実が和賀個人の内面の苦しみを凌駕《りょうが》し、内面的な掘り下げのなさは不問に付されたのかもしれない。または、この圧倒的に悲惨な社会状況の描写こそが『砂の器』の秀逸さの表れであって、私小説的個人の内面のつぶさな描写とは両立しがたいのかもしれない。

しかし、今、我々は数々の視覚化された『砂の器』のあとの時代にいるがために、和賀の苦しみははかり知れないということを知っている。その目であらためて原作を読み直してみると、和賀の野心と冷血が際立っているように思えてならないのだ。
テレビの二時間ドラマのように、崖の上に追い詰められた犯人が「私にはこんな動機があってこんな方法で誰々を殺した」と長々と語らない限りは、推理小説において犯人の心情は必ずしも詳細に分析され描写されるわけではない。

森村誠一の『人間の証明』も、ジョニー・ヘイワード殺し、家庭問題評論家として華々しく活躍する八杉恭子、恭子の息子が起こしたひき逃げ事件という一見関係がないかに見える三つの事柄を並列してストーリーを進めるが、最後にもうこれまでと観念した恭子が「私、わたし、あの子のことを片時も忘れたことはありません」と「はげしくしゃくり上げ[6]」るのは、恭子のなかに「人間の心[7]」が残っていることに期待した棟居《むねすえ》刑事が西条八十《さいじょうやそ》の詩——「母さん、ぼくのあの帽子どうしたんでせうね?」——を朗誦《ろうしょう》したときであった。

『白夜行』『砂の器』『人間の証明』——点描の連続によって主人公の内面を外側から明らかにしていく手法をとるこれらの推理小説において、犯人が自らの内面を吐露する(もしくは語り手が描写する)のは最小限である。『砂の器』においてはハンセン病と大阪大空襲、『人間の証明』においてはGIベイビーという日本の歴史的過去の提示が、言葉による説明を無用にするのである。

『白夜行』において「幼児性愛」が事件の発端にあったことが遂に判明するとき、その社会的病理を前にしてどんな言葉も空疎に響いてしまうであろう。一九七〇年代以前の日本人が意識することのなかった異常な性癖は、その被害者となった人間の心のなかに底知れぬ闇を生ぜしめ、それを認識するに至らなかった人間にとっては驚愕《きようがく》の事実として目の前に屹立《きつりつ》する。

それは雪穂を根本から変えてしまった経験であって、それに対して彼女が「私は子供の頃あんなことをされたから世間に復讐しようとして亮司と謀《はか》っていろいろやったのよ」と言ったとしたら、彼女の壮絶な経験は薄っぺらにものになってしまうであろう。

また、亮司が「僕は彼女のためにやったんだ」と言い訳をしたら、彼の心の奥深くに巣くっていた闇は、自分で決断できず女の言うとおりになる弱さの表れとなるであろう。

『砂の器』において和賀が「僕はハンセン病の父をもっていることを隠したかったんだ」とウダウダ愚痴を言ったとしたら、壮絶な幼少期の経験とその陰を払拭するための並々ならぬ努力とが、単なる被害妄想と自己保身になってしまうだろう。

綾辻行人の『十角館の殺人』〜異なる潮流にある推理小説

これと比較すると、綾辻行人の『十角館の殺人』において、真犯人の守須《もりす》が最後に三五頁にわたって一人称によって殺人の動機と手順を語るのはいかにも説明しすぎの感があるが、それは本人によって語られなければ決して明らかにはならない種類のものだからである。守須が、大分県の離れ小島にある奇妙な形をした館で大学の推理小説研究会のメンバー六人を次々と殺したのは、飲み会で恋人の千織《ちおり》が急性アルコール中毒で死んだことを恨みに思ったからであった。

彼の恨みの深さは、「父も母も妹も昔、同じようにして突然に連れ去られてしまった」ことと、またしても恋人が「見ず知らずの他者の、強引で身勝手で残酷な手(8)」によって命を奪われたことが重ね合わせられることによって強調されてはいるが、それにしても、その六人が千織の急性アルコール中毒とどの程度関係があったのか詳細な関連性も提示されず、六人も殺したことに対する罪の意識もまったく感じられず、さらに、千織の存在が守須の人生においてどのような深い意味をもっていたのかの分析もなされないために、いかにも短絡的な殺人という印象になってしまうことは否めない。

島にいた学生たちは七人のはずだったのに、発見された死体が六体であったことが警察によって発表されたことで、守須が七人のうちのひとり・ヴァンと同一人物であったこと、彼が島と本土とを行ったり来たりして異なるふたつの場所にその存在を刻印したことが、読者をもだます巧妙なトリックであったことに、読者はようやく最後の最後で気づく。この叙述のトリックは見事である。

しかし、過去から伸びてきて、人を否応《いやおう》なくその闇のなかに引きずり込もうとする深淵が欠如したこの作品は、悲劇的というよりはポップでコミカルである（漫画化に適しており、実際、二〇一九年に漫画化されている）。

学生時代という四年間のモラトリアムの時代に、世間とは隔絶した離れ小島の、これもまた奇妙で浮世離れした十角の形をした館という空間で行われたトリック・ゲームをテーマとした『十角館の殺人』は、『砂の器』や『白夜行』とは異なる潮流にある推理小説である。後者二作品においては、主人公の心情を出来事を通じて外側からあぶりだす方式をとる。心情の詳細な説明を排除することによって、逆説的にその苦しみの深さを提示するのである。

そういう意味において『白夜行』は、松本清張が確立した社会派推理小説の王道を歩む作品であるといえよう。

母を恋う～亮司と雪穂が求めたもの

『白夜行』の最後で、笹垣に追い詰められてビルから飛び降りる前に亮司が何か言うとしたら、何を言っただろうか。

「母と松浦との痴態を聞かされていた自分は、母に対しても大人の性に対しても激しい嫌悪感をもっていた。父のことは好きだったが、その父が雪穂にあんなことをするなんて、ショックだった。雪穂は母の愛を知らない自分にとって唯一心を通じ合わせることのできる大切な存在だった。彼女を守らなければならないと思った。罪を隠して生きなければならないが、雪穂には幸せになってもらいたかった。そのためには何でもしてきた」

こんな感じだろうが、これは言わずもがなだ。またはこのようなセリフがあったとしても、亮司がなぜあれほどまでに雪穂に尽くしたのか、雪穂がなぜあれほどまでに成り上がることに執着したのか、疑問に思う人は多いと思う。

ゼミにおいても学生たちは「ふたりの愛は真実の愛なのか」とお決まりの疑問を発していたが、今回ばかりは学生たちの浅はかさに怒ることはできない。

様々な解釈を呼び起こす作品は良い作品だ。良い意味で曖昧でその多義性は読者に解釈を委ねる。『十角館の殺人』みたいに犯人に長々説明されると、「ああ、そうでしたか」としか言えない。

二〇〇六年にTBS系列で放映されたテレビドラマ『白夜行』は、亮司をある種の被害者として設定している。死につつある亮司の視点から過去を回想する形で表現したこのドラマは、冒頭からすでに終わりの暗い陰のなかにある。

亮司は一目惚れ《ひとめぼ》れした雪穂が父の性癖の被害者であったことを発見して愕然とし、突発的に父を殺してしまう。雪穂は亮司を庇《かば》い、母に罪をなすりつける。「雪穂がすべてを背負ってくれたんだ」と感動する亮司ではあったが、罪に罪を重ねていくことを躊躇《ちゅうちょ》し、「俺はまだ人間でいたかった」（第三話）と心の内を漏らす。

原作の雪穂にとって男は成功するための道具に過ぎないのだが、このドラマの雪穂は本当に一成に恋をしているようだ。傷ついた亮司は「俺が泥水の中を這い回っている間に雪穂は恋をしていた」（第四話）と恨みに思う。

原作では心の奥深くに巣くう絶望と、犯罪を重ねる冷血さと、頭の切れが際立つ亮司であったが、このドラマでは雪穂を姉または母のように恋い慕う。また、刑事笹垣が自分たちの行動を綿密に記してきたノートを見て「あいつは俺たちを見続けていた」と感動し、彼を青酸カリで殺す計画を中止する（第一〇話）ように、愛を渇望しているように見受けられる。

笹垣のほうも、遂に亮司を追い詰めたとき、「お前をつかまえてやれなくてすまなかった」と父親のような愛情を示すのである（最終第一一話）。

このドラマにおいても映画『白夜行』（深川栄洋監督、二〇一一年）においても、笹垣が遂に亮司を発見し語りかける場面は、『砂の器』における今西の語り同様に、俳優の面目躍如たる場面である。

テレビドラマでは武田鉄矢が、映画では船越英一郎が、父親のように亮司を抱きとろうとする。お前は親の愛に恵まれず、ひとり白夜を歩いてきたかわいそうな奴《やつ》なのだと。

船越演ずる笹垣には、原作にはない息子の死というドラマが付加されており、自分の息子と亮司とを重ね合わせた彼は、「俺に父親代わりをさせてほしい」とまで言う。このセリフは唐突に聞こえるかもしれない。しかし、主人公たちが冷徹な犯罪者であると同時に過酷な宿命を背負わされた哀れな子供たちであるという解釈を視聴者に与えることで、主人公たちに感情移入するよう促すためには、彼らの失われた幼少期がいかにその後の人生に暗い影を投げかけたのか、彼らがいかに哀れな子供たちだったのかを印象づけなければならない。

映画のエンドロールで子供時代のふたりが束の間《つかま》、無邪気に遊ぶ姿が映し出されるのは、その効果を狙ったものであろう。

雪穂と亮司の愛は作品のなかでほとんど語られることがないが、奇《く》しくも映像化された『白夜行』において笹垣が父親のような愛で亮司を抱こうとしたのは、彼らの愛の本質をとらえているといえる。

亮司がこれほどまでに自己犠牲を払い、雪穂を守ろうとし、彼女の成功を陰で支えた、その愛は男女の愛というよりは親の愛に似てはいないだろうか。母の愛を受けず父を殺さざるをえなかった亮司にとって、父を早くに亡くし母によって売春させられていた雪穂に愛を注ぐのは、親に対する甘えを喪失した人間が、親と幼少期に対して抱く郷愁のゆえである。

亮司の母弥生子は小説の最後に至って記憶を蘇らせる。

高校の卒業式の朝、亮司はいつものように出かける支度をした。珍しく目を覚ましていた弥生子は、布団の中から彼を見送ることにした。

いつもは黙って出ていく彼が、その日にかぎって部屋の入り口から振り返った。そして弥生子に向かっていった。「じゃあ、俺、行くからな」

「うん、行ってらっしゃい」寝ぼけた頭で彼女は答えた。

結局これが母子の最後の会話となった。弥生子が化粧台の上のメモに気づくのは、それから数時間後だ。そのメモには、『もう帰らない』とだけ書いてあった。

その宣言通り、彼は帰ってこなかった。

（『白夜行』八三一―八三二頁）


笹垣がついに真相に辿り着くとき、弥生子によってこの場面が想起されるのは偶然ではない。「雪穂は本当の姿を誰にも見せず、亮司が今も暗いダクトの中を徘徊している」ということに笹垣が気がついたそのときに、弥生子は自分が目にした亮司の最後の姿に漂っていた寂しさを思い出し、自らのなかに存在していた息子を思う気持ちを再認識するのである。

亮司に会いたいという気持ちを「自分に禁じていた」（同、八三三頁）弥生子に、母性が欠如していたわけではない。家を出ていく日に母を振り返り最後にひと言母に声をかけた亮司が、母を恋う心を喪失していたわけではない。弥生子は息子を思う気持ちを愛してもいない男たちに、亮司は母を恋う気持ちを雪穂に、移し替えたのだ。

愛し合う習慣を早くに失った親子は、もはやどうやって愛したらよいのかわからなかった。亮司は母を愛したかった。その身代わりとして愛する対象が雪穂だったのである。そうでなかったとしたら、ふたりが性的な関係を頻繁にもてたとは思えないこと、もしくは、性的な関係をもつことが互いにとってそれほど重要だとは思えないこと、雪穂が高宮誠と結婚できるように亮司が仕組んだこと、雪穂の幸せのためなら何でもしてきたこと――これらのことを説明できない。

雪穂の心中はなお一層はかりがたい。テレビドラマでは幼い頃に「貧乏人が出世するには勉強しかない」(第一話)と向上心を窺わせ、亮司の父親殺しの後始末もすべて彼女が引き受ける早熟で頭の良い少女として描かれている。

高校時代に過去がバレて壮絶ないじめにあい、公衆トイレの壁一面に書かれた自分に対する悪口を消しているときに亮司と再会する。このとき彼女は、亮司とともに互いを苦しめる者たちに対する復讐を決意するのである。

松浦に尻尾をつかまれ雪穂に頼り切っていた亮司ではあったが、花岡夕子の死体を偽装するため精液を入れるよう雪穂に命じられたとき、遂に耐えられなくなり自首しようとする。

雪穂もそれなら私も一緒にと覚悟を決めるが、彼女の心の深い痛みを感じとったとき、亮司は「レット・バトラーになる」決意をするのである。

原作では描かれないふたりの煩悶《はんもん》が描かれるために、このドラマ全体は「一生懸命生きようとするふたりの話」として仕上がっている印象である。

テレビドラマでは綾瀬はるかが演じた雪穂を、二〇一一年の映画では堀北真希が演じた。彼女は抑えた演技とクールな美女ぶりによって雪穂の内面をまったく見せようとしない。また、亮司を演ずる高良《こうら》健吾の底知れぬ暗さと絶望を表現する演技は、彼が雪穂に対してなぜそこまでするのか、その理由を閉ざしたままである。

このほうが原作に近い。心理描写がなされればなされるほど、表現されているものよりも表現されていないもののほうが気になってしまい、浅く感じられてしまうのである。雪穂の沈黙のなかには、秘められ語られない傷痕の痛々しさが存在する。語られないからこそ逆説的に増幅する痛々しさである。

父親不在の家庭において母親がひとりで担わなければならなかった子供の養育責任、そのなかで母親は娘が女であることを発見する。娘は本来守ってくれるはずの母によって搾取され、自分も母も同じ一個の女であることを認識する。娘は母との融合的一体化のなかで甘える代わりに、母とのライバル関係を背負わなければならない。頼るべき父はいない。

理性と知性をもった娘にとって母は、自分の飛翔《ひしょう》を阻む悪魔でもある。母が生活に疲れて与えられた運命を甘受するだけの存在であるのに対して、『風と共に去りぬ』のスカーレットは人生を切り開く意志の強さと生命力をもっている。自然の母ではなく、スカーレットという「文化的母[9]」の存在を心の拠り所にして生きるしかない。

母親の圧政から逃れるためにどんな道があるのか。錘《おもり》につながれたままの人生は地獄だ。しかし母を自らの手で殺した雪穂にはもはや太陽はない。彼女が母を憎悪していたのか、軽蔑していたのか、それでも愛を求めていたのかはわからない。

母親に甘えることのできなかった彼女は、世の中に対する根本的信頼感を喪失している。母親に利用され搾取された雪穂は、それを他者に向かって繰り返し、そうすることで絶対的な支配権を得ようとする。子供の頃に得ることのできなかった絶対的な愛の代替物として。魂は常に枯渇している。彼女にとって亮司は恋人、兄弟、父親、子供である。甘えることで甘やかし、互いを互いにとっての親代わりとした。

ここには幼少期の母への甘えを経験しなかった女性の孤独な闘争がある。母に対する激しい愛憎がある。語らないことによって、語られないことと語りえないことが逆説的に前景化される。

亮司が死んだあとも逞《たくま》しく歩む雪穂を冷血だとなじることもできるだろうが、それは、親を亡くしても、または亡くしたからこそ逞しく歩む娘の姿である。

学生の質問に答えるとすると、雪穂と亮司の愛は「真実の愛」である。しかしその愛は男女間の愛というよりは親子の愛なのである。雪穂は亮司に対して母のようにふるまうことによって喪失した母の代理となり、亮司は雪穂を守ることによって母を追い求めていた。そういう意味において、お互いにとって太陽であったのである。

10章　結婚が大団円とはならない物語
（「浦島太郎」『暗夜行路』）

比較文学的問題〜西洋のお伽話と日本の昔話との違い

人生において、親子の情愛が、男女間の愛を凌駕する圧倒的に価値あるものとして認識され、そのためなら男女の愛は犠牲にしてもかまわない、もしくは、それを手にしてもしなくてもどうでもよいと思う――そんな話が西洋にあっただろうか、という問いを、台湾人の大学院生に向かって投げかけた。

もちろん、彼が、今まで私が思いもつかなかったような天才的な切り口で、この比較文学的大問題に明確な答えを提出してくれて、私は「なるほどそれだ！」と膝を打ち、西洋文学と日本文学との決定的な違いに対する洞察を手にし、人生に思い残すことなしという境地に達する、ということはまったく期待していなかった。ただ私は、自分の考えていることを授業という格好の場で語りたかっただけなのだ。

シンデレラ、白雪姫、眠れる森の美女、その他、西洋のお伽話《とぎばなし》は、王子様が現れてたいていはキスしてめでたしめでたしで終わるが、日本の昔話にそのパターンはない。日本の昔話の典型的なセッティングは、子供のいないお爺《じい》さんとお婆《ばあ》さん、または嫁の来てのない孝行息子と母親。前者の例としては、桃太郎や一寸法師。後者の例としては、雪女や鶴女房（ただし、老夫婦のもとに女がやってくるパターンもある）。おむすびころりん、こぶとり爺さん、花咲か爺さん、わらしべ長者——いろいろ思い浮かべても、若い男女の恋の成就がグランド・フィナーレになる話は思いつかない。

一寸法師は京の長者の娘と結婚するが、それは、長く願い求めていた憧れの女性との結婚によって人生の理想のすべてを手にする、という意味をもつものではない。鬼からもらった打出《うちで》の小槌《こづち》を振って立派な若者に変身し、内なる英雄性と外なる英雄性とをマッチさせるのは、嫁を得るという最終目標に達するための条件として設定されているわけではない。真の英雄になることのほうが重要であり、嫁は手に入れても入れなくてもどちらでもよいといえよう。『美女と野獣』において、魔法で野獣に変えられた王子が、美しく優しい娘との恋を成就させるために、もしくは恋を成就したがゆえに野獣が美しい王子様に戻ることとは大きく異なるのだ。

英雄になることも結婚することも、育ててくれた老父母に対する孝行という意味合いが強い。孝行の一環として嫁取りもできたらそれに越したことはないが、桃太郎のように鬼退治をしたあと結婚しなくても何の問題もないし、話の結末が物足りないということはない。

浦島太郎と乙姫様の関係〜天女は時にエロティックな夢を見させてくれる

精神分析学者の河合隼雄は『母性社会　日本の病理』（一九七六年）において、「浦島太郎」で、乙姫との結婚のテーマが消失していった過程に関して論じている。心理学的に「海」は無意識もしくは「心的エネルギーが自我から無意識のほうに流れる現象」である「退行」を象徴する（『母性社会　日本の病理』二九五頁）。

そこから亀がやってくる。亀は、「土、肉体、母などのイメージのコンステレーションを代表するもの」、あるいは、「天地、父母などの分離以前の混沌たる状態を指すもの」（同、三〇〇頁）として、母ひとり子ひとりの浦島が母との強い絆《きずな》を断ち切るために出会わなければならない「アニマ」すなわち「男性の内部に存在する女性像」（同、三〇三頁）であるから、『丹後風土記』において亀が女性に変身しすぐさま浦島に結婚を求める（同、三〇〇頁）のは当然であった。

しかしその後の浦島伝説における乙姫様は浦島を結婚の対象とは考えないし、浦島は乙姫様をいやらしい目で見るような勘違い男ではない。

すっかり西洋の文学や文化に馴染んだ我々が思うのは、乙姫様のような身分も高く（海の中の身分制度においては）、美しく、お金持ち（少なくとも豊かな生活をしている）の女性を手に入れるのなら、『美女と野獣』における野獣が、魔女によって野獣に変身させられて散々苦しんだ挙げ句にベルの愛を勝ちとったように、何か努力しないといけない、ということだ。

シンデレラだって、王子様がガラスの靴を頼りに王国中を捜し回ってくれるのを煙突の煤《すす》にまみれながら待っていたわけだし、白雪姫だって毒入りりんごを食べさせられたわけだし、眠れる森の美女は、王子様がキスしてくれるまで呪われた城で百年も待っていたのだから。

乙姫やかぐや姫が結婚の対象とならないことを説明して、河合隼雄は次のように言っている（ちなみにかぐや姫は、帝《みかど》も含めた五人の求婚者に難題を突きつけるが、結局月に帰る運命なのだから、結婚可能な女性ではないのである）。

日本人の女性像として特徴的なことは、それが天上に住む永遠の乙女として、どうしても結婚の対象となり得ないものか、あるいは海の中に住む亀姫として、肉体的な面が強調されるか、どちらかに分離してしまって、男性と同一平面上に存在し、対等な愛の対象となる女性像を結実させることが非常に困難であるということである。

（同、三一五―三一六頁）

西洋文化において、聖なる愛と俗なる愛の対照は様々な形で表象されてきた。イタリア・ルネッサンスの画家ボッティチェリは、『春』においては西風が吹いて大地に花々が芽吹く様を地上のヴィーナスを中心として描き、『ヴィーナスの誕生』においては天上のヴィーナスが今まさに海から地上に降り立ったところを描き、地上の愛と天上の愛の対照を、地上の豊穣《ほうじょう》を司《つかさど》る女神としてのヴィーナスと宇宙的愛の源としてのヴィーナスという、ふたりのヴィーナスとして表現した。(10)

または、神の無私の愛、そこから転じて人間の無私の愛であるカリタス（caritas）と、官能の愛であるキュピディタス（cupiditas）。「キュピディタス」はギリシャ語ではエロス（eros）であるが、プラトンにおいて「エロス」とは、人間の魂がこの世で出会った地上の美を契機として天上の美のイデアを想起し、それを渇望する、その上へ向かうベクトルのことであった。(11)

新約聖書の「ヨハネの第一の手紙」で言及された神の愛、「コリント人への第一の手紙」での寛容な愛、耐え忍ぶ愛と描写された神の愛は、ギリシャ語ではアガペ（agape）である。時代が下るにつれ、エロスはアガペと対比され、肉体の愛と精神の愛という対照性のなかで語られるようになる。

引用部分で河合隼雄が論ずるのは、この西洋的なふたつの愛についてではない。私が今述べたことは、西洋における「愛」の概念に関する非常に簡単な歴史的概要であるが、その対象としての女性に関していえば、偉大なる聖母マリアと人類を堕落させたイヴという、女性のふたつの異なるタイプがふたつながらに存在してきたといえよう。聖母は無私なる愛で人間を包み、イヴは男を誘惑して転落させる。女性賛美と女性蔑視のふたつの相矛盾する伝統である。

乙姫やかぐや姫は、聖母マリアのように温かく男を包み込むわけでもないし、肉の魅力で男を溺れさせるわけでもない。彼女たちはそういう意味で天上的だったり地上的だったりするわけではない。彼女たちは地上のヴィーナスでも天上のヴィーナスでもないし、エロスの対象でもアガペを降り注ぐ聖母のような女性でもない。

では何か？　河合隼雄が言うように、日本人には「仙女あるいは天女は、色恋とは無関係でなければならないという通念」（同、三一三頁）があるというのは、それはそうかもしれないが、むしろ、精神的な愛と肉体的な愛との二項対立的思考法をもたない日本においては、仙女は時にエロティックな夢を見させてくれる存在ともなるのである。

楚の宋玉《そうぎょく》の「高唐賦《こうとうふ》」は、藤原定家の歌「春の夜の　夢の浮橋とだえして　嶺《みね》にわかるるよこ雲の空」のプレ・テクストともなったものであるが、仙女が王の夢に現れて情交を結ぶ、という話である。立ち去るとき仙女は、自分は朝には雲になり夕べには雨になる巫山《ふざん》の仙女であると王に告げた。

これは中国の話ではあるが、日本においてもやはり、仙女や天女は色恋と関係ないわけではなく、一時の艶夢を見させてくれるエロティックな存在といえるのではないか。乙姫は海の底で浦島を楽しませてくれた。かぐや姫は貴人たちを魅了した。羽衣伝説の天女は羽衣を奪った男または老夫婦にしばしの歓《よろこ》びを与えた。

ダンテにおけるベアトリーチェには一ミリも官能の要素がないが、日本の天女はその高い精神性によって男を天国へ導いてくれる存在というよりは、天女であっても女は女、男はかまわず秋波《しゅうは》を送る。

乙姫は天女のようでもあり宿命の女のようでもある、どっちつかずの女性なのである。浦島伝説から結婚のテーマが消えたことは、河合隼雄が言うように、確かに、日本において儒教や仏教の影響が色濃くなって、男女関係に対する規律が厳しくなった、また、動物報恩のテーマが強調されるようになった、という歴史的変化の反映であろう（同、三一六―三一七頁）。

しかし重要なのは、『風土記』におけるように浦島が乙姫と結婚していたとしても、乙姫は、母親像のもつふたつの側面──「産み育てる」と「呑みこみ、しがみつ」く（同、二〇頁）──のうち、後者の否定的な側面を表しているのであるから（同、三〇七頁）、その場合の結婚は、『美女と野獣』におけるようにすべての労苦の終着点ではない、ということである。

日本の昔話において、「男性と同一平面上に存在し、対等な愛の対象となる女性像を結実させることが非常に困難になる」のは、女性が精神性と肉体性のふたつに分断されたためではなく、恋の成就が人生の一大目標としての高い価値をもっていないからである。

浦島は乙姫を地上に連れ帰って母親を喜ばせたいと思ったかもしれない。しかしその場合、「乙姫を地上に連れ帰」ることは、「母親を喜ばせ」ることの手段であり、決して最終目標ではない。乙姫さえいれば、地上に戻ったら三百年たっていて母親も亡くなっていた、その喪失が埋め合わせられる、というのではない。

『暗夜行路』における時任謙作の放蕩と性欲

西洋文学にすっかり浸りきった私が、中学生の頃以来、久しぶりに志賀直哉の『暗夜行路』を読んで、違和感を覚えたのは、そういう事情である。時任謙作《ときとうけんさく》にまったく共感できない（中学生の頃は、「さすがに偉大な純文学だ。主人公の苦悩が見事に描かれている」というような感想をもったような気がするのだが）。

「誰からも本統に愛されているという信念を持てない」（『暗夜行路　前篇』六五頁）謙作ではあるが、亡き母のことは慕っていた。母の幼なじみの女性のなかにその面影を見るうち、その娘愛子のことを「可憐《かれん》」だと思うようになる（同、六七頁）。子供の頃からよく知っている間柄であることを考えると、結婚の申し込みを断られるとは思ってもみなかったが、予想に反して、日頃は自分の味方になってくれる兄の信之から、愛子との結婚を諦めるよう言われる。

傷を抱え、友人と訪れたお茶屋では、芸者登喜子に岡惚れする。

一方、かつて祖父の妾《めかけ》で、今は女中として家に住まわせているお栄に妄想を抱くようにもなる。二階に寝ていると、階下にいるお栄が「道徳堅固」な彼を誘惑してくるという妄想である（同、一三六頁）。

その間も、「淫蕩《いんとう》な悪い精神」ゆえに「放蕩」（同、一三六頁）が止まらない。

お栄に結婚の申し込みをしたとき、信之から告げられたのは、驚くべき出生の秘密であった。謙作は、父のドイツ留学中に祖父と母との間にできた不義の子であったのである。

「惨《みじ》めな気持」で「息もつけない心の状態」（『暗夜行路　後篇』八頁）で、謙作は京都に住まいを移す。河原をぶらぶら散歩していたとき、ある家で老人の世話をしている若い美しい女性（直子）を見かける。謙作は自分の心が、「和《やわ》らぎ、澄み渡り、そして幸福に浸《ひた》っている」（同、一一二頁）のを感じる。結婚の申し込みは受け入れられ、彼はしばし幸福な生活を送るが、彼の留守中に直子はいとこの要《かなめ》と過ちを犯してしまう。

謙作は、「自身の過去が常に何かとの争闘であった事を考え、それが結局外界のものとの争闘ではなく、自身の内にあるそういうものとの争闘であった」（同、二一九頁）のだと思う。伯耆《ほうき》の大山《だいせん》で孤独な日々を過ごすことにした謙作は、ある日病を押して山登りを決行したとき、突如として「大きな自然の中に溶込んで行く」（同、三〇七頁）感覚に襲われる。この自然との調和を通じて謙作の心の「争闘」が終わりを告げたことが暗示され、見舞いに駆けつけた直子が「助かるにしろ、助からぬにしろ、とにかく、自分はこの人を離れず、何所《どこ》までもこの人に随《つ》いて行くのだ」（同、三一九頁）と決心するところで、この小説は終わる。

心のなかの欠如が女性への渇望となるが、理想の女性に出会ったと思ったとたんに手からすり抜けていく、そんな悲しい男の姿は、村上春樹の主人公たちの姿と重ね合わせることも可能である。父性の否定、家父長制に対する反逆、そこからの離脱、それに代わるものとしての女性性の価値、これも、村上の世界である。

謙作は、幼い頃から妹のような存在であった愛子を女性として意識するようになった。子供の頃、訳もわからず祖父の家にもらわれていき、お栄が母親代わりであった。長じてお栄を憎からず思うようになり、身分の差も社会的道徳も乗り越えて、結婚しようとした。直子には一目惚れであった。初めはどこの誰かもわからなかった直子との縁を勇気をもって手繰り寄せた。

必死で女性を求める謙作ではあるが、ここにはロマンティックなものがない。どの女性も謙作にとって唯一無二の、この人でなければだめ、という女性ではない。ジョン・ミルトンの『失楽園』(一六六七年)において、禁断の木の実を食べてしまったイヴをすぐさま許し、「たとえ神がもう一人別なイーヴを造られ、わたしが/そのためにもう一本の肋骨を提供するとしても、お前を失った/痛手は絶対にわたしの心から消え去るまい[12]」と呟いたアダムとは決定的に違うのだ。

志賀直哉は「放蕩」という言葉を使うが、これがきわめて怪しい言葉なのである。謙作はとにかく性欲ビンビンなのでそういう場所に通いまくって女を抱きまくり、ずっと年上で祖父の妾だったお栄にすらあらぬ妄想を抱き、性欲を鎮めるために一刻も早く結婚したいと思っていたのだ。もしかしたら、ある程度、誰でもいいのではないかという、そんな疑惑も起こってくる。

中学生だった私は「放蕩」の意味を理解しなかったのである。

時任謙作の母胎回帰

村上春樹の小説の主人公たちもなかなか充実した性生活を送っている。『一九七三年のピンボール』では、朝目が覚めるとベッドの両脇に双子の女の子が寝ていて、それからしばらく奇妙な同居生活を始めることになる。『国境の南、太陽の西』では、リクエストもしていないのに勝手にフェラチオまでしてくれる。『スプートニクの恋人』で小学校の先生をやっている「ぼく」は、すみれに恋をしながらも、教え子の母親と性的関係をもっている。『騎士団長殺し』においては、妻に離婚を突きつけられ、傷心を抱えて移り住んだ小田原郊外の友人の別荘で、都合よく人妻のガールフレンドができて、会えないときはテレフォン・セックスまでしてくれる。

小谷野敦が、村上の小説における「まるで性欲などないかのように振る舞いながら、むやみと『何人かの女の子と寝た』とか言う主人公」[13]に憤慨するのももっともだ。

しかし、村上春樹の主人公たちは、「とにかく性欲を鎮めるために誰かと結婚したい」とは思っていない。唯一無二のその人でなければならない、他の女性では代わりにならない、そんな女性を探し求めている。アダムが、もうひとりのイヴでは嫌だ、このイヴでなければだめだ、と言ったように。

『一九七三年のピンボール』においては、ジェイズ・バーで飲む25メートル・プール一杯分のビールも、双子の女の子たちが淹《い》れてくれるコーヒーも、ピンボールの唸《うな》りも、直子の喪失と世界の空虚を埋めることはできない。『国境の南、太陽の西』の「僕」は、他のどの女性のなかにも「自分のために用意されたもの」を見つけることができず、小学生の頃に一度だけ手を握ったことのある島本さんを思いつづけた。『1Q84』の天吾にも都合よく人妻のガールフレンドがいるが、やはり小学生の頃に一度だけ手を握られた青豆のことが忘れられなかった。『騎士団長殺し』の「私」が妻に惹かれたのは、亡くなった妹を彷彿《ほうふつ》とさせたからであって、人妻のガールフレンドとのセックスをどんなに堪能しようとも、渡辺淳一の『失楽園』（一九九七年）のようにズブズブの不倫地獄に陥って逃避行することはなかった。

ミルトンの『失楽園』のアダムとイヴは、天上なる神の絶対的権威を仰ぎながらも、親も兄弟も友人もなく、ふたりだけで、「内なる楽園」をつくり、それは何ものにも代えがたい唯一の場所、唯一の愛であった。それは、江藤淳が『成熟と喪失』においていう、父を捨て母を捨て、孤独な旅に出るカウボーイの姿が象徴するアメリカ文化の価値でもある。

そういう観点からすると、村上春樹における愛の探求は、一見西洋的もしくはキリスト教的に見えるが、「遠いフロンティア」[14]に向けての旅ではなく、母胎への退行の旅であるという点において、似て非なるものである、ということは、2―1で述べた。

村上春樹よりもさらに一層明らかな形で、西洋的もしくはアダムとイヴ的世界から遠ざかるのが志賀直哉である。時任謙作にとって、恋は成就されるべき到達点ではない。女性を見初めると、兄や友人を通じてその親や周囲の人間に縁組の可能性が打診される。この人がいなければ生きている意味がないと思いつめたり、プライドや偏見を乗り越えて他者に対する真の認識に至ったり、という恋のプロセスは存在しない。

要は、女性や恋は謙作の自己実現にとって付属的で装飾的で、取り外し可能なものであって、理想の女性を得る努力を通じて自己鍛錬をはかるという、中世フランスの宮廷風恋愛の考え方とは無縁の世界に生きているのである。

すっかり西洋文学にかぶれた私はこんなふうに否定的な批評をするのだが、大正から昭和初期にかけての時代にあって、いや、それ以降においても、いったい日本のどの作家がロマンティック・ラブを描いたというのか?

ここにあるのは浦島太郎の世界なのだから。乙姫様は大変魅力的ではあるのだが、陸上に残してきた母親のことが気がかりだ。私は、浦島が乙姫を地上に連れ帰って母親を喜ばせるという選択肢があったかのように前述したが、乙姫は、浦島が母親との前エディプス期的絆を断ち切って(河合隼雄はユング派なので、「エディプス」という用語は使っていない)、自立した男性として結ばれるべき女性ではない。乙姫は、「母親像のもつネガティブな側面をもっていて、その何ものも呑みこんでしまう力によって、少年の自立を妨げ」る存在（『母性社会 日本の病理』三〇七頁）であるのだから。

退行の場所である海に住む乙姫は、アグレッシブに浦島に近づき、海に閉じ込め、自立を阻んでいるのである。浦島は居心地のいい退行の海、母胎の海に呑み込まれてしまってはいけない。浦島がなすべきことは、乙姫の誘惑を断固として退け、または、それ以前に、亀に魅了されず亀を助けず、魚釣りに励み、漁師として一人前になることなのである。そうすれば自《おの》ずと嫁がやってくる。

フロイトの理論において、自我は超自我である父を理想として前エディプス期を脱するが、母に対する欲望において父は競争相手として立ち現れる。ラカンの理論において、想像界にある自我は、主体の場で鏡像として生じるために父と同一化し、言葉／記号を獲得する。いずれの理論においても、母は捨て去られなければならない。

2－2の結論部分で援用するジュリア・クリステヴァの用語を用いれば、母親は「棄却」されなければならない。主体は、母子一体化の心地よい海に一生プカプカ浮いていることはできず、社会という陸地へ向けて孤独な旅に出発しなければならない。

西洋のお伽話に継母《ままはは》が登場するゆえんである。継母は必ずしも本当に継母だったのではなく、「呑みこみ、しがみつく」母親の否定的な側面を体現する存在だ（同、二一〇頁）。継母は最後には散々な目にあう。白雪姫に毒入りりんごを食べさせた継母は、真っ赤に焼けた鉄の靴を履いて一生踊りつづける運命を背負わされる。母親／継母は、子供の自立のために捨て去られなければならないからだ。

母親を棄却し、自立した主体となり異性と出会う、または異性と出会って自立した主体となる、というプロセスが欠如したのが、日本の昔話であり、かつ、『暗夜行路』なのである。謙作の母は亡くなっているが、それは問題ではない。生きていても死んでいても、前＝対象(15)としての母は棄却されない場合がある。

大人になっても、謙作の脳裏に何度も去来したのは、子供の頃屋根に登ったとき母が自分のことを心底心配してくれたこと。母の愛を確信したいと切望していた謙作は、子供時代の愛と憎しみに拘泥《こうでい》していた。父親像を媒介として、シニフィエとシニフィアンとの恣意的結合によって成り立つ象徴世界において主体として自己同一化をはかることができていない謙作なのである。

女性と恋が人生の一大事ではないということだ。親に愛されなかったことによって負った心の傷は、女性を愛することによって癒やされたのではなかった。「大きな自然の中に溶込んで行く」（『暗夜行路　後篇』三〇七頁）感覚を感じることによって癒やされたのだ。その感覚は、「何の不安もなく、睡い時、睡《ねむり》に落ちて行く感じ」（同、三〇七頁）と似ていた。

結婚は物語のグランド・フィナーレとはならず、ひとつの通過点にすぎない。そこからまた悩みが生まれてくる。謙作が人生において解決しなければならない問題は、親とは何だったのか、親の愛情とは何なのか、ということであった。理想の女性像を何に求めるべきか、外面的美しさと内面的美徳のどちらを重視すべきか——こういうことを謙作が自問したことはない。彼にとって愛子やお栄とはどういう存在だったのか、直子のどこに惚れたのか——こういうことが分析されることはない。

自然との融合は母胎への回帰である。母なる大地への回帰である。謙作は、アダムがイヴを許し、ふたりの腕のなかに「内なる楽園」をつくりだそうと決意したのとは異なり、直子を再び愛することを決意したのではなかった。彼が許したのは、母だったのだ。母を許したとき、直子のことも本当に許すことができた。そのとき、彼は自然に抱かれる感覚に襲われ、子宮の中で揺蕩《たゆた》うような安心感を得た。

11章　他人に「なりすます」女性の物語

（『幻夜』『スマホを落としただけなのに』）

『幻夜』の「なりすまし」

『白夜行』にあるのは、本来守ってくれるはずの母親の残虐な仕打ち、頼るべき父親の欠如、歪《ゆが》んだ愛執、繰り返し抹消されながらも蘇る記憶、人を支配しようとする脅迫的な欲望であった。亮司亡きあと、それでも雪穂は喪失に耐えて生きなければならなかった。

雪穂は『幻夜』で美冬になるが、『幻夜』においても『白夜行』同様、主人公以外の登場人物に視点がおかれ、それが移動することによって主人公・美冬が照射される。その過程を表としてまとめた（288ページ、補遺(2)参照）。

先に『砂の器』の「なりすまし」について触れたが、『幻夜』においても「なりすまし」は、壮絶な人生がその裏にあり、鉄の意志がなければ貫徹できない種類のものである。昨今の「オレオレ詐欺」で、他人の息子になりすまして老人からお金を奪うために、姑息な手段として使われる類《たぐ》いのものではない。

彼女のなかに幼くして刷り込まれた「人生の勝利者」（『幻夜』六六一頁）になりたいという野望。そのためなら何でもやる。そのためには雪穂のままでは不利だ。生い立ちが知られている。亮司の父親殺し、自分の母親殺し、繰り返されたレイプ事件、亮司が起こした様々な詐欺事件、松浦殺し――数知れぬ犯罪に関わっていることが明らかになった。しかし、亮司が死んでしまい、雪穂が一連の事件に加担していたことを証明するのは困難だろう。雪穂はその後ブティックを立て直そうとしたり、新海美冬とともに外国に行ったりしているわけだから、刑罰を科せられてはいないようだ。

結婚歴は二回ある。二回目の結婚相手の篠塚康晴と離婚したかどうかは不明だが、関係は破綻したらしい。結婚は「人生を変える手段」（同、三五七頁）と雅也に向かって断言しているのをみると、まっさらな戸籍をもっていたほうが結婚に有利だと考えたのかもしれない。または、新海美冬の両親の保険金を手に入れることが目的だったのかもしれない（同、五九三頁）。

いずれにしても、それは問題ではない。雅也も言っていたように、別人になって人生をやり直したいという願望は誰もがもっているものだ。「人間なら誰もが消したい過去を持っているからだ」（同、七五七頁）。恵まれた環境にいるように見える誰かが羨ましい、あの人と入れ替わったら、どんなに楽しく素晴らしい人生を送ることができるだろう。過去が暴露されることに怯《おび》えることもなく、人生をリセットできる。そんな考えが心をよぎるのは誰にでもあることだが（過去に怯えるのは別にしても）、それを本当に実行してしまう人がいたとしたらそれは驚くべきことだ。美冬（雪穂）は、それをやってのけるだけの「卓越した判断力と洞察力、それに何より精神力」（同、七五七頁）をもった稀有《けう》な女性だった。

おそらく咄嗟《とっさ》の判断だっただろう。青山のブティックで自分の下で働いていた新海美冬とともに外国に出かけ、帰国した。新海の両親が住む西宮のアパートに行った。そこで阪神・淡路大震災が起こった。新海もその両親も瓦礫《がれき》の下で死んでいる。その死体のうち二体に関して自分の両親だと公言し、もう一体に関しては「知らない人です」と言うと、疑義をはさむ者は誰もいなかった。

何もかもが瓦礫の下だ。通帳もハンコも、アルバムも卒業証書も、手紙も住所録も、すべて失《な》くしてしまった。

本物の新海は、引っ越しても以前住んでいたマンションの隣人に年賀状を送るくらい筆まめで社交的な女性だったから、友人たちに外国からも絵葉書などを送っていただろう。帰国日を知らせて、帰国したらいついつ会おうねと約束することは予想される行動である。震災の死者リストに新海の名前がないことを発見した友人は、生きていることに安堵《あんど》する一方、

補遺(2)『幻夜』における移動する視点

章	視点人物	語られる内容
一	雅也	父親の通夜／叔父・俊郎が借用書を見せ、借金の返金を求める／阪神・淡路大震災発生／叔父の頭を瓦で割る／女に見られていた／新海美冬というその女が暴漢に襲われているところを助ける／避難所
	米倉佐貴子(俊郎の娘)	奈良から訪問／写真を発見
	木村(ビデオ撮影した男)	ジャパンテレビの倉沢克子がビデオテープを借りにくる
	雅也	佐貴子の夫・信二に脅される
	木村	テープが戻ってこない
	佐貴子	テープを手に入れたい
	克子	名刺をきれいな女性に渡した
二	畑山彰子(銀座の華屋の店員)	誰かにつけられている／同僚の美冬に相談／美冬も同じ状況
	桜木(華屋の店員)	異臭事件
	彰子	入院／取り調べ／脅迫状
	向井(刑事)	警察／地下鉄サリン事件との関連／脅迫状
	捜査員	異臭事件被害者の身辺の見張り
	加藤亘(刑事)	浜中洋一(華屋店員)は美冬との関係を主張するが、美冬は否定／浜中順子／犯人は他にもう一人いる
	桜木	浜中のあとフロア長に昇進
三	雅也	フクタ工業／不景気／行きつけの定食屋／美冬とセックス／指輪／青江真一郎という美容師の調査を依頼される／クビになった安浦／青江を見張る／青江は飯塚千絵の家に泊まる
	青江	美冬から共同経営の誘い
	安浦達夫	回想(池袋で女に右手を刺された)／雅也を襲う
	青江	美冬の部屋で朝を迎える
四	曽我(新海の父親の会社の後輩)	三宮のステーキ店／回想(美冬の父親は不正の詰め腹を切らされて退職した)／娘に手渡したいもの／アサヒハイツの大家
	青江	「モン・アミ」繁盛／千絵が訪問
	曽我	美冬の元の住所を訪ねる

四	雅也	定食屋の有子／うなじに黒子が2つある女性が安浦を襲った／米倉俊郎の名で脅迫状／美冬が西宮で脅迫状の件を調査／第2の脅迫状／指定された銀座の喫茶店／美冬によるトリック／曽我の家へ
	恭子(曽我の妻)	先週は美冬がドタキャン／夫が帰ってこない／美冬から電話／美冬と会うも写真のイメージと違うと感ずる
五	秋村隆治(華屋社長)	美冬と業務提携／特許申請中の指輪／美冬に惹かれる
	有子	やつれはてた雅也に同情
	加藤	変死体／異臭事件と曽我失踪との関連
	恭子	夫の失踪から1年／加藤が美冬のことを尋ねにやってくる
	加藤	美冬に疑惑／美冬と会う／「腕のいい職人」が異臭事件と指輪作成の両方に関係していることに思い至る
六	雅也	美冬は隆治と結婚を決意
	青江	独立を美冬に相談
	中野亜美(青江の店の従業員)	駐車場で襲われる
	青江	刑事の尋問／ネックレスが現場に落ちていた／美冬が「ネックレスが見つかった」と言う
	尾方(刑事)	ネックレスが見つかったレストラン
	吉岡(レストランのウェイター)	美冬が来店したときの記憶／連れの男は青江よりも背が高かったような気がする
	青江	美冬に感謝／和解
七	浜中洋一	加藤が訪ねてくる／指輪のデザイン盗用に気がつく／美冬に過去のことや指輪の件で詰め寄るが否定される／加藤に美冬との面談について話す
	加藤	浜中は美冬の過去を調べようとして地雷を踏んだと推測
八	倉田頼江(隆治の姉)	弟の嫁の美冬に対して得体のしれない気味悪さ／美冬の故郷の京都旅行を提案
	雅也	有子と出会う／頼江のあとをつけて陶芸教室へ／美冬とのやり取りを回想／ホテルのロビーへ／投資詐欺から救う／美冬の企み／頼江から陶芸教室に誘われる
	有子	雅也のあとをつけて陶芸教室へ
	雅也	頼江と着物の展示会へ／美冬と出会う／有子の定食屋へ

九	加藤	京都で驚くべきことをつかむ
	雅也	頼江と京都へ／美冬の高校時代の写真を見る／美冬がまったくの別人だと知る
	加藤	浜中の店へ／美冬は西南女子大出身／すり替わりを確信
	雅也	頼江と関係をもつ
十	青江	加藤に美冬のことを聞かれる
	加藤	青江を罠にはめたのは美冬だと確信
	雅也	美冬は加藤を邪魔に思う
	頼江	陶芸の展示会に加藤が来る／加藤は雅也が関西出身の職人であることを知る
	雅也	頼江と華屋へ行き、曽我夫人の話を聞く／真相を会得／曽我を殺したときのことを回想／美冬が自分の魂を殺した
十一	頼江	加藤が雅也のことを聞きにくる／雅也が行方不明
	加藤	美冬の共犯者は雅也だと確信／雅也のアパートの前にいた有子と遭遇
	加藤	フクタ工業が2カ月前に雅也に図面を売った
	雅也	見知らぬ男と取引／美冬の過去を探る決意／インターネットで本物の新海美冬について調査
	加藤	安浦と話す
十二	隆治	美冬の度重なる整形／魔性の女
	加藤	密造銃の取引に雅也が関係している
	頼江	夫が帰国／雅也が家の前に
	加藤	恭子から、曽我が美冬を以前から知っていたことを聞く
	雅也	本物の新海と美冬との関係を知る
	加藤	雅也を追って華屋ミレニアムパーティーの会場の竹芝埠頭へ
	雅也	加藤と対峙
	隆治	埠頭で銃が暴発し、2人が死んだことを知る

いったいどこに行ったんだろうと心配するだろうが、連絡がつかない。

一九九〇年代の日本ではEメールや携帯電話はまだ一般的ではなかった。固定電話は、本人が新しい電話番号に転送する手続きをしない限りは、それっきりだ（かつてはしばしば、電話番号の新使用者宛てに電話がかかってきて、旧使用者はどこに引っ越しましたか、と執拗に聞かれることがあったが、そんなことは知る由もない）。新しい新海美冬はまったく別の場所で新海の昔の縁からできる限り遠ざかって生きているのだから、新海の足跡は辿る術《すべ》がない。

しかし、曽我孝道がそうしたように、新海の東京の旧住所を訪ね、隣人のところに来た年賀状を見せてもらい、身を寄せていたという知人の番号に電話をかければ、転送されて偽物の美冬のところにつながるものだ。そもそも、友人なら、他人に年賀状を見せてもらわなくても、新海から敬愛する美人社長の話を散々聞かされ、居候していたというマンションの住所も教えてもらっているはずだ。

他人になりすますのはかなり無理がある。どうしても隠さなければならないすさまじい過去と不退転の決意がなければやらないことをお勧めする。

雪穂と美冬が同一人物であるという確たる証拠はないが、そうだとしか考えられない。そうだとしたら、美冬が隠さなければならなかった過去とは、雪穂として手を染めた数々の犯罪と、亮司を見殺しにしたことからくる良心の呵責であろう。雪穂はどうしてもそれらから目を背けたかった。そして亮司と雪穂の愛が、親子の愛にも代わるものであったろうことを思えば、雪穂の心の奥底に眠る「母への思慕」も見えてくる。幼い頃いくら欲しても得ることはできなかった母の愛。亮司と同じく、母を殺したことに対する激しい悔やみが、美冬へのなりすましを生んだのだ。どんなリスクを犯しても。

『スマホを落としただけなのに』の「なりすまし」

志駕晃の『スマホを落としただけなのに』[16]に「なりすまし」が出てくるので、ちょっと見てみよう。

「なりすまし」というと、現代ではオレオレ詐欺を思い浮かべる人が多いかもしれない。ここ数年で多くの高齢者が「なりすまし」の被害にあった。「なりすまし」は案外、身近である。たとえば、私のクラスを受講していない学生が、友人に頼まれて、その友人になりすまして期末テストを受験しているかもしれない。大勢いると、「なりすまし」がひとり紛れ込んでいたところで、わからない。しかしここで考察したいのは、こんなふうに、何らかの利益を得るために一時的に他人の名前を騙《かた》り、犯罪を終えると、またもとの人間に戻るというような、軽微な(?)「なりすまし」ではない。自分のアイデンティティそのものを他人とそっくり交換し、二度と故郷の土を踏まない、二度と家族にも親戚にも会わない、という覚悟が必要な真剣な（?）「なりすまし」だ。『幻夜』同様、『スマホを落としただけなのに』も女性主人公が他人になりすますが、そこにはどのような動機があるのだろうか。

二〇一八年に北川景子主演で映画化もされたこのミステリー小説においては、稲葉麻美の彼氏の富田誠がスマホを落としたことが原因で、富田のクレジットカード情報も抜き取られ、麻美のプライバシーも漏洩《ろうえい》しまくり、次々と奇妙な出来事が起こっていく。

同じ頃にFacebookを本格的に始めた麻美は、「いいね！」をもらうことに快感を覚え、「なりすまし」とも気がつかずに（気がつかないのは責められない）、富田の会社の先輩小柳守やその他たくさんの人々から来た「友達申請」の「承認」ボタンを次々と押していく（この作品における「なりすまし」はこういうことではなく、もっとすごいこと）。

友達申請してきた人々のなかには武井雄哉もいた。武井は大学のサークルの先輩で、一目惚れし、三日後には処女を捧げ、三カ月もしないうちに別れてしまった苦い思い出の人（『スマホを落としただけなのに』一一一頁）。

この小説は、一読目では隠されていた意味が、あとになって、または再読によって、明らかになる仕組みになっており、この記述も、実はこういうよくある話ではなく、もっと深い意味があることがあとでわかるのである。

この小説の語りは、同じ章のなかでA、B、Cのセクションごとに、犯人の男、麻美、刑事の視点が入れ替わり、それぞれの視点人物が自らの心中を一人称で描写する。

しかし、一人称だからといって、語られる内容が真実とは限らない。特に麻美は自らの心の内を赤裸々に吐露してはいない、というか、読者向けにつくられた自分を提示している、ということがあとでわかる。彼女の心内語はある意味フェイクだ。作者が、最後のどんでん返しを効果的にするために、何も知らない読者向けに意図的に情報を操作しているのだ。読者を騙《だま》すための叙述トリックともいえる。

麻美は、武井と「友達」になったら、「何かが始まってしまうのではないだろうか」(同、一一三頁)、「まだあの恋が自分の中では終わっていないことに気が付いた」(同、一一四頁)と言うが、問題は焼け木杭《ぼっくい》に火がつくかどうかではないことがあとで判明する。

結局、友達承認し、隠れ家風フランス料理店で十年ぶりに再会するのだが、「きれい」を連発する武井に「嬉しくてにやついてしまう顔を見られないように」(同、一八九頁)する麻美であった。しかしあとになって、嬉しいなんていう呑気《のんき》なものではなかったこと、また、麻美の一見女性らしい反応は読者を罠《わな》にかける作者のトリックであったことがわかる。

なお、映画では、麻美は自ら進んでデートの誘いに応じたのではなく、友人の加奈子とその彼氏候補の男、麻美と武井という二組のカップルのダブルデートを武井によって秘かにセッティングされ、待ち合わせ場所に行って武井の姿を発見してうろたえる、という設定に変更されている。

北川景子演じる麻美はかなりの狼狽《ろうばい》ぶりを示し、ノンシャランと「なんで美奈代は自殺したの？」と聞いてくる要潤《かなめじゅん》演じる武井に罵声を浴びせ椅子を蹴って立ち去る。麻美と美奈代は姉妹同然の仲の良さであったそうだから、映画の観客は、この時点では、友達のためにこんなに激怒するとは、友達思いの優しい人だと麻美に感心するであろう。

一人称で語られる麻美の心中は嘘ではないにしても、彼女の心中のすべてではない。語られるのは、鳥取の家族と疎遠で、派遣社員の安定しない生活に不安を覚えながらも、富田との結婚を彼の浪費癖のためにためらうアラサー女性の心中である。「大学入学と同時に東京に出てきたが、ほとんど実家には戻っていない」「父親はもう他界していて、田舎に残る母親とはあまり仲良くはない」（同、三六頁）という、犯人の男がＬＩＮＥのやり取りから入手した情報は、本物の麻美のものであり、麻美と名乗っている美奈代のものではない。「麻美と武井が付き合っていたことは、加奈子はもちろん知らない」（同、一四九頁）という麻美の心内語における麻美は美奈代のことであり、「生まれて初めてフランス料理を食べに連れていってくれたのも、この武井だった」（同、一九〇頁）と回想するのは、美奈代としての偽物の麻美である。「彼女、……一度は武井さんの子供を身籠ったんですから」（同、二四三頁）と麻美が武井に向かって遠慮しながら言うとき、「彼女」とは、自分とは別人としての美奈代のことではなく、本物の美奈代でありかつ偽物の麻美のことである。「あの時は本当に惨めだった」「今でもあの時のことは心の奥の拭えない思い出として澱《おり》のように残っている」（同、一八二頁）と言うときの偽物の麻美はかなり本当の自分自身である美奈代の心中に近づいている。

読者は当然、麻美と武井の間に刹那的な関係がかつて存在していて、武井にとっては大勢のガールフレンドのひとりであった麻美が美しく成熟した女性になった姿を見て、再びスケベ心を起こした、一方、麻美にとっては武井は学生時代の憧れの先輩であり、もてあそばれたにもかかわらずやはり再び惹かれてしまう男性なのだと解釈する。

しかし、二度目のデートで、麻美が武井に向かって「［美奈代は］一度は武井さんの子供を身籠ったんですから」（同、二四三頁）と言ったとき、混乱する思いが募るのである。その混乱は、その少し前の麻美の発言――「わたしと美奈代とは（中略）同じ年で境遇や背格好まで似ていたので、周囲には姉妹かとよく間違われましたが、実際は姉妹以上の関係でした」（同、二四二頁）――によって増幅される。

字面通りに読むと、麻美も美奈代も両方とも武井に遊ばれたという印象をもってしまう。麻美にとっては「自然消滅」（同、一一二頁）した学生時代の淡い恋の相手、美奈代にとっては堕胎までした惨めな恋の相手であったのだと。ところが、実は、武井に関する思い出のすべては、麻美になりすました美奈代が、美奈代だった頃の自分自身を思い出して語っているものなのである。

Facebookのパスワードがsayuri0709であることを不審に思った犯人の男が、遂に真相に到達するのは、麻美の足の付け根のほくろが、AV動画のなかの美奈代（芸名さゆり）のほくろと同一だったことに拠る。第二章では、麻美が就活に失敗して困窮していた頃、AV女優にスカウトされたと言っていたが（同、一〇六頁）、それだけでは読者は麻美が実際にAVに出たとは思わない。

美奈代の自殺は、「悪い噂を立てられ」たことや、うつ病だったことが原因だった（同、二四一頁）。作者は時に麻美と美奈代を二重写しにしながらも決して同一人物だとする決定的なヒントは最後まで与えない。

真相は、麻美を捕らえた男が富田に向かってすべてを暴露するとき、さらに、麻美が独白するとき、ついに明らかになる。AV会社がアップしたブログのなかに美奈代の個人情報が映り込んでしまい、素性がネットに広まり、彼女の妹はそれが原因で結婚が破談になった（同、三七五―三七六頁）。同居していた麻美がうつ病になり、その医療費を消費者金融で借りた。

麻美は自殺したが、美奈代の名前で遺書を書き、美奈代の健康保険証をバッグに入れ、自慢の黒髪をバッサリ切っていた。死体の損傷が激しく、美奈代が死体は美奈代だと言うと、美奈代として荼毘《だび》に付された（同、三八八―三八九頁）。美奈代の家族は誰も東京には来なかった（同、二四一頁）。

その後、稲葉麻美に似せて何回か整形をして、彼女のトレードマークだった黒髪に変え長くストレートに伸ばした。だから一〇年ぶりに会った武井でも、麻美と美奈代のすり替わりには気が付かなかった。（同、三八九―三九〇頁）

映画では、富田役の田中圭が、麻美の鳥取の実家を訪ねようと提案したとき、さらに、中学・高校時代の話題になると話をそらすのはおかしいと詰め寄ったとき、麻美役の北川景子が重苦しい表情を浮かべたことによって、母と仲が悪い以上の何かが隠されているということが暗示される。

本物の麻美は、父が他界したあと母と折り合いが悪くなった（同、三六頁）。本物の美奈代は大学入学のときに「大嫌いな母親」から「東京に行ったら、学費以外は一円も出せないからね」と言われ、ネットでＡＶのバイトのことがばれると絶縁されてしまった（同、三八七頁）。

たとえそうだとしても、結婚するときにまったく親に会わせないとか、結婚式に親戚や郷里の友人をひとりも招かないとか、子供の頃のアルバムを決して見せないとか、自分はどんな子供だったかという話は一切しないとか、中学・高校時代の部活動は何だったか絶対に言わないとか、そんなことが可能なはずがない。他の人になりすまして生きるのなら、『幻夜』の美冬または『砂の器』の和賀のように、過去から出現する善意の人を殺す覚悟がなければならない。

『幻夜』においては美冬の心情がまったく描かれないために、読者の想像のなかで彼女の懊《おう》悩《のう》はいや増していく。他方、麻美は、恋人さえいれば親も故郷も失ってもかまわないように見える。作品の最後の独白においてすら、捨てた故郷の風景をまぶたに思い浮かべる様子は見られない。彼女のなかに親や故郷を失ったことによる苦悩があるとは思えない。

加奈子という親友は、大学時代はほとんど接点がなかったが、同じ派遣先の会社で勤務して急速に仲良くなったということで（同、七三頁）、女性同士の友達がしばしばそうであるように、何かにつけてはお茶したりランチやディナーをしたりして恋の話で盛り上がる。しかし、同じ大学だったのだから、〇〇さんはどうしているとか、今度同窓会があるとか、そんな話にはならないのだろうか。過去を捨てた人間が普通の女の子としてふるまうことの違和感がある。

この作品に「なりすまし」は必要なかったように思う。スマホから情報が流出する恐ろしさ、人々のITセキュリティーの甘さ、母親にネグレクトされた犯人の男の暗い幼少時代、母親が長い黒髪だったことに端を発する黒髪フェチ、ターゲットとなった麻美のAV出演の過去、彼女の下半身まで丸見えの写真——読者を飽きさせない様々な要素が次々と繰り出されるこの作品において、「なりすまし」は無くもがなの余計な装置だ。

恋愛を至上とする現代的状況がここにはあるのだが、現代日本の若者がそこまで西洋化されているのだとしても、やはり現実には考えにくい。『幻夜』や『砂の器』とは異なり、「なりすまし」が作品の感動をつくりだす原動力とはなっていないのだ。

実は麻美は美奈代で、何度か整形して髪を伸ばしてストレートにすることで「なりすまし」ていた、という打ち明け話が最後になされたとき、「そんなバカな！」と突っ込みを入れたくなる読者は多いであろう。「そんな簡単なことじゃないだろ！」と。『砂の器』のすさまじさを思い出せ」「『幻夜』の美冬はもっと大変な思いしてるんだぞ」と言いたくなる。

12章　女性に寄り添う物語（作家・東野圭吾）

詩的テクストとしての『白夜行』『幻夜』

別の観点からすると、『スマホを落としただけなのに』は、恋愛が人生の他の要素すべてに優越する、西洋的価値観によって書かれた作品であるともいえる。過去を捨て、二度と故郷の土を踏むこともなく、別の名前で呼ばれ、別の顔で生きる。それでも、愛する人がいれば幸せなのだ。恋愛がすべてなのだ。

もちろん、この小説は、スマホからプライバシーが流出することで窮地に陥る恐ろしさを描いた点において、今の時代にマッチした作品であり、『白夜行』や『幻夜』同様に、移動する視点を通じて真相を小出しにすることで、スリル満点に仕上がったエンターテインメント小説の嚆矢《こうし》である。

しかしここに女性の心理は描かれない。また、女性の心情を推察させ、共感させるものがない。麻美と美奈代が同一人物だということがばれないように、麻美の視点から描くときも心情のすべてが語られないために、あとで真相がわかってからも、麻美という人物が浅薄な人間であるかのように感じられてしまう。

映画は、北川景子が時折見せる苦悩の表情によって、何か大きな秘密が隠されていることが暗示され、また、彼女のクール・ビューティーがヒンヤリ感を募らせるが、小説には映画のヴィジュアル効果を言葉にしたものがない。

「愛がすべて」という結末に違和感をもつのは、私が西洋文学に浸りながらも二十歳を過ぎるまで日本から出たことがなかった、バリバリの日本人であるからであろう。『暗夜行路』にも『スマホを落としただけなのに』にも違和感をもつとは、私は、日本人性を半ば失い、かといって西洋的価値観も内在化しきれない、言語と文化の境界線を永遠に放浪する異邦人なのだ。

私のことはともかく、愛の成就をして大団円とする手法は、出自や係累《けいるい》が人を形成する重要な要素とみなされ、親孝行が大きな美徳とされる日本においては、ごく最近の青春映画や小説で用いられはじめた手法である。2－2で言及した作品――『砂の器』『人間の証明』『暗夜行路』『十角館の殺人』『スマホを落としただけなのに』――のうち、『砂の器』『人間の証明』『暗夜行路』において、親子の絆・情愛・愛憎は大きなテーマとなっており、東野圭吾の作品においても、それは見えない形で底に流れ、大きな人間ドラマを形成する。

そのテーマは明らかな形で語られないからこそ、より一層痛々しく浮かび上がってくる。語らないことは、雪穂と美冬に対する東野圭吾の優しさでもある。語ることは、雪穂と美冬の心理を十全に分析することであり、分析することは、心をえぐることに等しい。解釈の可能性を十分残すことは、雪穂と美冬に寄り添いながらもその人生に侵入しないこと。いくら言葉を尽くしても、人間や人生に対する解釈は、ピント外れであったり、一面的であったりするからだ。

テクストの空隙《くうげき》で、テクストの底部で、意味作用とは異質の、意味とはなりえないものがうごめく。『白夜行』と『幻夜』という詩的で示唆的なタイトルは、語られたもののなかに語りえなかったものが存在していることを示している。イメージを通じて示唆する以外に方法がないことを示している。

「白夜行」とは、ゼミ長のIが雪穂のセリフ「あたしの上には太陽なんかなかった。いつも夜。でも暗くはなかった。太陽に代わるものがあったから」(『白夜行』八二六頁)を引用して説明したように、昼を失った雪穂と亮司の悲しい人生を象徴する。「幻夜」に関しては、美冬の正体を知ったあとの雅也が次のように言っている。

自分たちには昼なんかないとおまえはいった。いつだって夜だといった。夜を生きていこうといった。

それでもよかった。本物の夜ならばよかった。だけどおまえはそれすら与えてくれなかった。俺に与えられたのは、すべて幻だった。

（『幻夜』七七五頁）

あたかもこの独白（心内語）を聞いていたかのように、雅也が死んだあと、最後に美冬が言う。「こんなに素晴らしい夜は初めて。幻みたい」（同、七七九頁）。

テクストのなかの語りえないものは、言語活動のなかに存在する異質なものである。ラカンの「象徴界」に範をとったクリステヴァの「サンボリック」は、記号の意味作用とテクストの理解可能性を軸とする審級《しんきゅう》であるが、その秩序を脅かす意味ならざるものが「セミオティック」である。それは、主体が記号を獲得する以前にいた場所、母子融合の場所、愉悦に満ちた場所である。

クリステヴァの理論の特徴は、セミオティックからサンボリックへ移行したあとも、主体は時に、「コーラ」——母子融合の始源の空間——に遡行するということにある。そこにおいてシニフィエとシニフィアンとの恣意的結合は分断され、父の秩序である言語は意味作用を失い、詩的言語が跳梁《ちょうりょう》する。

詩的言語において、記号は意味の過剰または欠如のうちに揺れ動く。意味の自己同一性は拡散し、そのとき生み出されるのがメタファーだ、というのもクリステヴァの理論である。『白夜行』と『幻夜』というタイトルはメタファーとしての機能を孕《はら》み、そのメタファーは欠如と過剰の両方を保有するがために、そのヒロインの内面を描き出すには足りなすぎると同時に多面的すぎる。結局ヒロインは心の奥底では悲しみと絶望を抱えていたのか、それとも、成功するためには愛も誠実さも何もかも犠牲にしてもかまわないと思っていたのか、意味はどちらにも帰着せず、曖昧性のなかを漂う。

雪穂と美冬の母探し

『白夜行』と『幻夜』というふたつの作品は、推理小説またはエンターテインメント小説であることを超えて、ひとつの詩的テクスト――クリステヴァの理論においては女性的なテクスト――として立ち上がってくる。その編み目のなかに織り込まれたのはひとりの女性であった。この女性――雪穂と美冬――に関して、クリステヴァの理論を借りて分析してみよう。東野圭吾自身は分析することなく自由に歩かせているのではあるが、お節介な私は分析せずにはいられない。

主体は母子融合の状態から母を捨て父を法として自己同一性を獲得するが、男性は失われた母の代用物を性愛の相手に再発見する。しかし女性は母を他者とすることにしばしば困難を感じ、母なる始源の対象を男性のなかに発見することもできない。女性は始源の領域からの追放者となり、母に対する激しい愛憎をもつことになり、それが女性に訪れる精神病の危機や死の欲望となる。[17] 母と息子が恋人同士のようになるのに対して、母と娘がライバル関係になりやすいゆえんである。

コーラは大人になっても主体の内に回帰してくるが、自らの内にあるその情動を満足させるためには、女性は自らが母となり、自らの体から他者としての赤ん坊を放り出さなければならない。そのとき女性は自己と他者との分離を学ぶのだ。

クリステヴァは自らが母になった経験を通して、母になることの重要性を説くが、母になるとは、必ずしも本当に子供を産むこととは限らない。誰かを自分の一部のように愛しながらも、その人の自立を見守ることでもある。自己を犠牲にして他者を愛することである。これが「母性」である。

クリステヴァと同じく、ラカンを師として精神分析学を学んだメラニー・クライン[18]は、母と娘とのライバル関係に関して独自の意見を展開する。男児は母の所有者としての父を憎悪するが、女児にとっての母とは父をめぐるライバルである。男児が様々な負の感情をペニスを所有していることの誇りを通じて補償しようとするのに対して、女児にとって母の乳房は父のペニスを内に隠しているがためにますます羨望の対象となる。それゆえにクラインにとって母は、ラカンにおける「想像的父」にとって代わる両性具有の「男根的母」の役割を担う。

それ以降の人生においても、女性は他の女性たちのなかに母を見る。目指す男性を獲得するためには他の女性たちに勝利をおさめなければならない。女性同士の友情が難しいゆえんである。女性の心の底にあるのは母親の乳房への羨望であるから、女性の欲望の対象は男性ではなく、別の女性であり、別の女性に対する激しい競争心なのである。

フロイトやラカンが男性の主体について語るなかで、抜け落ちてきた女性の主体についての論理を展開したのが、クリステヴァやクラインであるが、両者の理論においてわかるのは、女性と母との関係が愛憎相反する微妙な関係であるということだ。男性は女性のなかに母を求め、女性は女性のなかにライバルを発見する。

このような精神分析学的構図をみたあとで、雪穂のことを考えると、彼女がいかに過酷な思いを強いられてきたか、より一層理解できる（理論的構図など何もないところで考えても、彼女の人生が過酷だったことが明らかではあるが）。

母親に利用され搾取された雪穂は、それを他者に向かって繰り返すとともに、そうすることで愛情に代わる絶対的な支配権を得ようとしてきた。主体は母との関係性を他者に向かって投影するからだ。

雪穂にとって唯一の愛は亮司であった。家庭内で育まれるべき絶対的愛情の代替物であった。図書館でともに過ごした時間が、彼女にとってただひとつの安息の時間であった。家に帰れば、中年男性のおぞましい性欲の餌食になるのであるから。彼女も、時任謙作のように母を許したい。謙作は母を許し妻を許し、自然との融合、始源の母との融合状態へ回帰した。母を許さなければ雪穂に心の平和は訪れないだろう。世の中との和合を得ることもできない。

『スマホを落としただけなのに』における、麻美を騙《かた》る美奈代は、母とは絶縁状態であったが、そのことが彼女の心理に与える影響は描かれず、結婚がすべてを解決したように見えた。

東野圭吾も、雪穂が心のなかの喪失感を素敵な男性を見つけて愛し、子供を産むことで、回復するというストーリーにすることができたであろう。しかし人間の心はそんなに単純なものなのだろうか。〈喪失〉は、結婚しても子供を産んでも、完全に補われることはない。人は〈喪失〉とともに生きていかねばならぬのだ。それが大人になるというものである。

こんなふうに分析することは、雪穂と美冬に寄り添うことではない。もし私が心理カウンセラーで、雪穂と美冬がやってきたら、ただ話を聞いてあげよう。彼女たちの話に耳を傾け、「よくがんばったね」と言ってあげよう。東野圭吾のように。

※東野圭吾のテクスト及び複数回引用する作品に関しては、以下の版を使用した。
東野圭吾『白夜行』集英社文庫（集英社、二〇二〇年）
東野圭吾『幻夜』集英社文庫（集英社、二〇二〇年）
河合隼雄『母性社会　日本の病理』講談社（講談社＋α文庫、一九九七年）
志賀直哉『暗夜行路　前篇』岩波文庫（岩波書店、二〇二〇年）
志賀直哉『暗夜行路　後篇』岩波文庫（岩波書店、二〇一七年）
志駕晃『スマホを落としただけなのに』宝島社文庫（宝島社、二〇一八年）

（1）東野圭吾作家生活25周年祭り実行委員会編『東野圭吾公式ガイド――読者1万人が選んだ東野圭吾作品人気ランキング発表』講談社文庫（講談社、二〇一九年）一三七頁。
（2）『幻夜』において雪穂は美冬になりすましたのであって、戸籍の偽造を行ったのではない。
（3）『もっと！　東野圭吾　東野圭吾をもっと楽しむための7つの視点』（INFASパブリケーションズ、二〇一〇年）四五頁。
（4）前掲書、四二頁。

（5）『砂の器（下）』新潮文庫（新潮社、二〇二〇年）四〇四頁。
（6）森村誠一『人間の証明』角川文庫（角川書店、二〇〇一年）四三六頁。
（7）前掲書、四二四頁。
（8）綾辻行人『十角館の殺人〈新装改訂版〉』講談社文庫（講談社、二〇一九年）四一四頁。
（9）母の個人的（自然的、人間的）側面と文化的側面に関しては、ミセリ・ジョンの論考「『細雪』における母恋いのテーマ」、平川祐弘、萩原孝雄編『日本の母――崩壊と再生』（新曜社、一九九七年）からヒントを得た。『細雪』における母の文化的側面とは姉妹たちの関西回帰に表れているという（一一九頁）。
（10）高階秀爾『ルネッサンスの光と闇――芸術と精神風土』中公文庫（中央公論新社、一九八七年）二五八―二五九頁。
（11）プラトン著、藤沢令夫訳『パイドロス』岩波文庫（岩波書店、二〇〇四年）、及び、久保勉訳『饗宴』岩波文庫（岩波書店、二〇〇八年）参照。
（12）ジョン・ミルトン著、平井正穂訳『失楽園（下）』岩波文庫（岩波書店、一九八五年）一三五頁。
（13）小谷野敦「『ノルウェイの森』を徹底批判する――極私的村上春樹論」、今井清人編『村上春樹スタディーズ２０００―２００４』（若草書房、二〇〇五年）八五頁。
（14）江藤淳『成熟と喪失――〝母〟の崩壊』講談社文芸文庫（講談社、一九九三年）八頁。
（15）母子融合状態において、母は〝object（対象）〟とはならず、〝abject（前＝対象）〟である。母は棄却されたとき事後的に〝object〟として認識される。
（16）続篇『スマホを落としただけなのに――囚われの殺人鬼』宝島社文庫（宝島社、二〇一八年）、続々篇『スマホを落としただけなのに――戦慄するメガロポリス』宝島社文庫（宝島社、二〇二〇年）もある。続篇の映画化は、白石麻衣、千葉雄大主演で二〇二〇年に公開、さらには漫画化もされている。

（17）ジュリア・クリステヴァ著、棚沢直子、天野千穂子訳『女の時間』（勁草書房、一九九一年）二四―二六頁。

（18）ジュリア・クリステヴァ著、松葉祥一、井形美代子、植本雅治訳『メラニー・クライン――苦痛と創造性の母親殺し』（作品社、二〇一二年）参照。

《著者紹介》
大野雅子（おおの　まさこ）
帝京大学外国語学部教授。専門は比較文学、イギリス・ルネッサンス文学。
1985年津田塾大学学芸学部英文学科卒業。1988年東京大学大学院人文科学研究科英語英文学専攻修士課程修了。1991年同博士課程退学。2003年プリンストン大学比較文学科博士号取得。スペンサーの研究者として知られ、文学における洋の東西を問わない博学により斬新な論を発表している。明治学院大学文学部英文学科、中央大学文学部英語文学文化専攻にて非常勤講師。
著書に『ノスタルジアとしての文学、イデオロギーとしての文化―『妖精の女王』と『源氏物語』、「ロマンス」と「物語」―』（英宝社）、共著に*Spenser in History, History in Spenser*（大阪教育図書）、『詩人の詩人 スペンサー』（九州大学出版会）、『伝統と変革 一七世紀英国の詩泉をさぐる』（中央大学出版部）などがある。

母恋い
メディアと、村上春樹・東野圭吾にみる“母性”

2021年3月3日　第1版第1刷発行

著　者　　大野雅子

発　行　　株式会社ＰＨＰエディターズ・グループ
〒135-0061　東京都江東区豊洲5-6-52
☎03-6204-2931
http://www.peg.co.jp/

印　刷
製　本　　シナノ印刷株式会社

ISBN978-4-909417-72-5